# 書く仕事がしたい

佐藤友美

satoyumi

CCCメディアハウス

書く仕事がしたい

PROLOGUE

# この本は、どんな本「ではない」か

この本は、文章術の本ではありません。
この本を読めば、みるみる文章力がついたりもしません。
もしもあなたがすでに物書きとして活躍し、この先はひたすら文章力を磨くだけと思っているのであれば、この本はおすすめしません。

けれども、これから書く仕事がしたいと考えたり、長く物書きとして生計を立てていきたいと思うならば、お役に立てる部分があると思います。

最初に結論を言ってしまいます。

**書く仕事で生きていくのに最も重要なのは、文章力ではありません。**
**文章が上手いことと、書いて生きていけることは、イコールではないのです。**

もちろん、文章力がまったく必要ないわけではありません。でもくり返しますが、**書く仕事で生きていくのに重要なのは、文章力（だけ）ではありません。**

この仕事は、おそらくみなさんが想像しているよりもずっと、「文章力以外」のスキルやものの考え方が大切な職業なのです。

「書きたい。でも自分には書く才能がないから無理だ」と思っている人がいたら、いったん、その思い込みを捨ててください。もちろん書く才能がある人はラッキーです。ですが、書く才能がなくても、この仕事は十分成立します。

とくにライターは、プロスポーツ選手や、アーティストのように、選ばれしものにしかできない仕事ではありません。

そして、独自の視点や切り口が必要だと言われているコラムニストやエッセイストのような作家業ですら、「文章力以外」のスキルやものの考え方が、文章力と同等以上に重要なのです。

## 書く仕事を始めたら、どんな人生が待っているのか

私が、それまで勤めていた会社を辞め、経験ゼロから「書く仕事につきたい」と思った21年前。世の中には「この仕事をするには何から始めればいいのか?」「物書きになると、どんな人生が待っているのか?」を教えてくれる書籍はほとんどありませんでした。

その事情は、21年たった今もあまり変わっていません。今も昔も、文章術について教えてくれる本は(人も、講座も)たくさんありますが、「書く仕事そのもの」について教えてくれる本(人や講座)は、ほとんどないのです。

たとえば、21年前の私が知りたかったことは、こんなことでした。

- **書いて生きていく人生とは、どんな人生か。**
- **書く仕事には、どんな種類があるのか。どれが自分に向いているのか。**
- **いつ、どんな場所で働き、いつ休むのか。**
- **どのように仕事をもらい、どれくらい書けば生計を立てられるのか。**
- **この職業のキャリアパスはどうなっているのか。何歳まで働けるのか。**

・**生活（たとえば結婚や出産やパートナーの転勤）と仕事はどう関係しそうか。**

そして、これらは私が教えるライター講座で、文章の書き方よりも多く聞かれる質問でもあります。

先日、あるメディアの方からこんな話を聞きました。

彼女はウェブで大人のための職業紹介ページを作っているのだけれど、そこで一番検索されている職業は「ライター」だというのです。

そして、そこまでたくさん検索されているにもかかわらず、「ライターとはどんな仕事であるか？」を回答してくれる人がほとんどいないので、まだ「ライター」の職業紹介ページを作ることができていない、と。

需要があるのに、供給がない。

であれば、それについて書けば喜んでくれる人がいるのではないかと考えました（あとで詳しくお話ししますが、需要と供給について考える力は、書く仕事を続けるにあたってとても重要です）。それが、この本です。

## プロの書き手になる人、ならない人、なれない人

遅くなりましたが、自己紹介をさせてください。佐藤友美《ゆみ》と申します。仕事仲間からは、さとゆみと呼ばれています。フリーランスのライターとして活動を始めてから、21年たちました。

この21年の間に、たくさんの書き手の方とお会いしました。なかには一緒に仕事をした方や、私が編集者として仕事を依頼した方も大勢います。ぱっと顔が思い浮かぶライターやコラムニスト、エッセイスト、作家の先輩友人知人だけでも、おそらく200人くらいはいると思います。

元気で書き続けている人もいれば、続けているけれど元気じゃない人もいれば、書く仕事を辞めた人もいます。

もちろん、もっと自分に合う職業を見つけて辞めた人もいるけれど、本当は書き続けたいのに、やむなくリタイアした人もいます。

**長く書き続けることができる人と、できない人。その差は、いったい、どこにあるのでしょうか。**

幸運なことに、私は初めて出会った編集者に、その差のうちのひとつを教えてもらいました。

その編集者さんは学生時代の友人で、ある出版社の雑誌編集をしていました。私が「書く仕事がしたいのだけど、どうすればいいだろう」と聞くと、彼女は2人のライターさんを紹介してくれました。まずは、彼女たちに話を聞いてみるといいよと教えてくれたのです。

私は2人の取材現場にお邪魔し、それぞれの仕事ぶりを見せてもらいました。

後日、友人の編集者が「どうだった?」と聞いてきました。「うん、この仕事のイメージがわいたよ。ありがとう」と答えると、彼女はこう言いました。

「あの2人は原稿もお上手だし、うちの会社がお付き合いしているライターさんのなかでも、トップを争う売れっ子なの。でも、Aさんはこれからも仕事が増えていくと思うけれど、Bさんに仕事を頼む人は多分減っていくと思う」

「え? どうして?」と聞くと、「Bさんは締め切りにルーズだから」と、彼女。

「正直なところ、原稿は編集者でも修正することができる。でも、締め切りに遅れられると、こちらにできることはないんだよね。だから私は、**原稿が上手くて締め切り**

**に1日遅れるライターさんより、原稿はそこそこでも必ず締め切りを守るライターさんに頼む**」

この話は、当時の私にとっては衝撃でした。そして、この言葉を書き手になる前に聞けたことで、私の人生は大きく変わりました。

・どうやら書く仕事に必要なのは、文章力だけではないらしい。
・そして、**彼女はたまたま締め切りについて話してくれたけれど、おそらく書き手として重宝される条件が他にもあるに違いない。**
・であれば、戦略さえ間違えなければ、私でも食べていくことができるかもしれない。

彼女の言葉は、まったくの未経験から書く仕事を目指した私にとって希望でした。

## 「書くこと」以上に考えてきた、「書く以外のこと」を伝えたい

あれから21年たちました。

「そこそこでいいらしい」と割り切った文章は、そこそこレベルでとどまっているけれど、この21年間、途切れることなく仕事をいただくことができています。

ファッション誌のライターからキャリアをスタートし、美容専門誌での執筆やオウンドメディアの編集長などの経験を経て、いまは書籍のライティングが仕事の半分を占めます。人の書籍も執筆しますし、自著もこれまでに8冊書きました。

残り半分は、ビジネス系のウェブサイトでのインタビュー原稿の執筆。ここ数年でコラムやエッセイの仕事も増えました。書評コラムやドラマ評、子育てエッセイなど、いまは7本の連載を持っています。大学で記事制作の講義を持ったり、宣伝会議をはじめとする場で、ライター講座の講師もしています。

よく「運とご縁で、ここまでやってきました」と言う方がいます。

私も「よくここまで仕事が途切れませんね」と言われたときは「運とご縁でやってきました（にっこり）」と答えることもあります。

でも、本当は違います。

**運とご縁だけで、物書きを20年以上続けることは多分できません。**

私自身には、書くための特別な才能はない。だけど、書きたかった。
だから私は、「どうすれば、書く仕事で生きていける？」と考えました。**書くこと以上に時間をかけて、書く以外のことを熱心に考えてきました。**

仕事が途切れないライターさんを観察し、ときにはその秘訣を直接聞き、彼／彼女がなぜ売れているのかを研究して真似してきました。

いまでも毎月のように企画を持ち込みしていますし、これまで私がライティングした書籍61冊のうち、29冊は持ち込み企画です。いま連載しているコラムも、7本中3本は自分から提案しにいったものです。

もし、運とご縁の神様がいるとしたら。その神様が現れるのを待っているのではなく、その神様に毎日アピールしまくって、目の前を何度も通ってもらう。何度も通ってもらえば、前髪をつかむチャンスだって増える。それが、私の物書き人生です。

書く仕事を続ける工夫に関しては、私、ストーカー並みに粘着質で、ちょっとキモイかもしれない。24歳のときから、しつこくしつこく考え続け、試し、失敗して、考え直して、やり直して……をくり返しているので、私の腹の中をみなさんに見せると、ちょっとエグくて引くかもしれないです。

でもそれくらい真剣に「書く仕事」に向き合ってきました。

いまからお伝えすることに関して、おそらく「さとゆみさんは特殊だからできるんだよ」なんてことは、ひとつもないと思います。

誰でもできるけど、あまり大事だと思われていないから、みんなやらないこと。なるべく少ない労力で大きめの効果があがることを、共有したいと思います。

冒頭、ライターに必要なのは文章力（だけ）ではないと話しましたが、それでも「そこそこ」レベルの文章力は必要です。「そこそこ」レベルの文章とはどんな文章か。**どこまで書ければ合格ラインなのか。**その力を最速で身に付ける方法についても話したいと思っています。

## ライターからコラムニスト、エッセイストまで

この本では、まずライターとして食べていくために身につけるべき力と、仕事を獲得するための戦略について、私や私の周りの書き手のみなさんがやっている方法を共

有します。さらに後半では、コラムニスト、エッセイストなど、作家として活動していく方法についても触れたいと思います。

CHAPTER 1では、ライターを例にとり、この仕事がどんな仕事か、どんな生活が待っているかについて
CHAPTER 2では、ライターになる準備と、どうデビューするのかについて
CHAPTER 3では、書く仕事に必要な具体的なスキルと考え方について
CHAPTER 4では、心身を病まずに書き続けるために必要な考え方について
そしてCHAPTER 5では、キャリアをどう広げていくか、コラムやエッセイなどを書ける書き手になるためには、どんな工夫が必要かについて書きます。

私はこれまで、たくさんの先輩方に、赤裸々なアドバイスをもらってライターを続けてくることができました。なので、私もみなさんに、できるだけ**誠実に赤裸々に、「書いて生きていくこと」についてお伝えできれば**と思います。

そしてなにより。私は、この仕事を、一生を懸けるに不足ない途方もなく魅力的な仕事だと思っています。そんな話も、みなさんとしたくてたまらない！
お役に立てますように。

目次

CHAPTER

# 3

# 書く仕事に必要な技術

143

# CHAPTER 1

# 書く仕事を知りたい

友人の話をしたい。

彼女とは、私が30代になってから通ったライタースクールで出会いました。彼女は私よりも何歳か年下で、当時31歳とか32歳くらいだったと思います。

そのライタースクールでは、生徒同士がお互いに書いた課題の原稿を読み合うのだけれど、彼女が書いた原稿はいつも際立って美しかった。同じインタビューをもとに書いているのに、彼女の文章はとても詩的で、端正で、目の前にさわやかでやわらかい景色が広がるようでした。

私はすっかり彼女の文章のファンになってしまい、課題が出るたびに、彼女の原稿を読むのを心待ちにしていました。

当時彼女はある大手企業で働いていました。普段の業務は、文章を書くこととは何の関係もない仕事だと言います。でも昔から文章を書くことが好きで、これまでに、何回かライタースクールに通ったことがあるのだとか。

「会社を辞めて、ライターにならないの？」

と聞くと、

「なりたいという気持ちはあるんです。でも、失敗するのが怖いんですよね」

と言う。
「失敗？」
「そうなんです。上手くいかなかったらどうしようと思うと、踏み切れなくて……」

ご主人と共働きの彼女は、自分がフリーランスになって、たとえ収入が減ったとしても、金銭面の問題はないと言います。

なので、彼女の言う失敗が怖いとは、主に精神的なことらしい。

ひとつ、印象的な話がありました。

彼女が通う会社は、最寄りの駅で降りてから会社に到着するまでに、大きな橋を渡らなくてはいけないそうです。朝の出勤時間は、同じ会社に通う大勢の社員たちが、一斉にその橋を渡っていくのだとか。

彼女は言います。
「私、毎朝、その橋を渡るたびに思うんです。ああ、今日も私、会社に通っちゃってるなあって。今日もライターになれていないなって」

当時の私は、若かった。だからつい、言ってしまったのです。
「ねえ、ライターになっちゃえば？　あなたは失敗するのが怖いと言うけれど、毎日『今日もこの橋を渡ってしまった』と思いながら会社に通う人生って、もう十分失敗していると思うよ。失敗の見本のような人生だよ。ライターになっても、いま以上に失敗することなんかないんじゃないかな」

彼女は私の言葉を聞いて、衝撃を受けたようでした。


この章を書く時に、真っ先に思い浮かべたのは彼女の顔でした。

書く仕事につきたいと思っていても、その一歩が踏み出せない。あの時の彼女のような人たちに、いまなら「あなたの人生は、もう十分失敗している」なんて身も蓋もないことを言わずに、もう少し現実的かつ具体的に、話ができると思うのです。


たとえば彼女は「自信がない」と言ったけれど、私は、ライターになるのに自信はいらないと思っています。

新しい仕事をする前に、自信満々で臨めないのは、誰だってどんな職業だって同じですよね。むしろ、無駄に自信を持った新人に臨まれても、先輩は困ってしまう。

あとで詳しく説明するけれど、ライターになるのに必要なのは、自信ではなくて戦略です。もっと言うと、最初は自信よりも謙虚さのほうが10倍大事だ。

無駄な、自信はいらない。
ただ、一歩踏み出す不安を払拭する手立てはあります。
それは、知ることです。

初めて電車に乗った時は、誰もが不安だったはず。でも今は、切符の買い方もわかるし、乗り換えの方法もわかる。どの方法で行くのが一番速いのか、事前に調べることだってできる。そうなれば、不安はほとんどなくなる。

書く仕事も同じです。
ライターという職業にも、切符の買い方があるし、乗り換えの方法もある。最速のルートも計算することができます。その上で、目的地に早く着くほうを選ぶか、景色を楽しみながらのんびりと旅行するかを決めればいい。

でも、当時の私はそういった具体的なことを彼女に伝えることができず、「大丈夫。あなたならすぐに売れっ子になれるよ」と根拠のない太鼓判を押しました。

ライタースクールが終わった数カ月後、彼女は会社を辞めてフリーランスになりました。私は、彼女の文章がまた読めることがとても嬉しくて、彼女といくつかの仕事をご一緒しました。思った通り、彼女の原稿は素晴らしかった。

そして、それよりなにより。「文は人なり」というけれど、彼女自身もとても気持ちの良いさっぱりとした優しい人で、仕事をする人たちからすごく好かれたのです。

「また彼女と仕事がしたい」とみんなに思われる人で、このままいけばすぐに売れっ子ライターになるだろうな、と思いました。彼女のライターデビューはずいぶん順調に見えました。

その後、紆余曲折あって、彼女は、いまはライターをしていません。

聞けば、仕事の依頼は途切れなかったようだけれど、やはり自分は、組織で働くほうが合っていると思ったのだとか。いま彼女は、企業のウェブ広報チームに所属し、プロデューサー兼編集者としてライターに仕事を発注し、原稿をディレクションする立場で活躍しています。

同じ文章に携わる仕事ではあるけれど、少しポジションをずらす。それが、彼女にはとても合っていたようです。久しぶりに会ったとき、いまはとても仕事が楽しいと話してくれました。

相変わらず、気持ちのいい人だなあと思いながら、彼女がフリーのライターより組織で編集者をやるほうが幸せそうな理由も、今なら想像できる。

この章では、書く仕事にはどんな種類があるのか、書くと決めたらどんな生活が待っているのかについて、考えていきたいと思います。

CHAPTER 1 で考えたいこと

*Think 1*　書く仕事にはどんな種類があるのか？
*Think 2*　ライターに向いている人とはどんな人か？
*Think 3*　ライターへの道は狭き門か？
*Think 4*　ライターはどんな生活をしているのか？
*Think 5*　ライターはどれくらい稼げるのか？

# Think 1

# 書く仕事には どんな種類があるのか？

## いつまでに、どんな書き手になりたいですか？——目標設定

書く仕事にはどんな種類があるのか。書いて生きていくために、どんな戦略を立てればいいか。具体的な話をする前に、最初にひとつ提案させてもらっていいですか。この本を、どんなふうに使ってもらいたいかについての提案です。

私のライター講座では、最初に「**いつまでに、どんな書き手になりたいですか？**」と聞きます。

・来年までに、ウェブ媒体で毎月仕事をもらえるライターになりたい。
・5年以内に、スポーツの分野ならこの人、と言われるライターになりたい。
・数年のうちに「私が言いたかったことは、それ！」と言ってもらえる書き手になりたい。
・いつか、読んでくれた人が一歩踏み出せるような文章を書きたい。それが小説なのかエッセイなのかは、わからない。

などなど。

ひとくちに「書き手」といっても、いろんな目標があるし、「何のために書きたいか」も人それぞれです。

講座の最終日にも、やはり同じ質問をします。

「いつまでに、どんな書き手になりたいですか？」。再び問うと、初回とまったく同じことを答える人もいれば、より具体的な目標ができている人もいます。逆に抽象度が上がる人もいます。

そして、講座の最後にする質問は、「では、その目標を叶えるために、今月からどんなことをしようと思いますか？」です。

**ゴールが違えば、そこに到達するための方法だってもちろん違う。**自分だったら、どんなことをしてそのゴールまでたどり着くか。それを考えてもらうのです。

**講座で習うどんなことよりも、その「自分で考えた答え」が一番大事**で、それこそが、あなたを次のステージに連れて行ってくれます。

私はこれから、この本で

①私はこういう書き手になりたいと思った
②それを叶えるために、こんなことをした

を共有します。

だけど、これは私が私のなりたい物書き像を実現するためにやったことなので、究極のところ、全部が全部、みなさんの役に立つとは思っていません。

**人は、自分で気づいたことしか、できるようになりません。**

だから、この本で私は、私の考えたことを書くけれど、それを信じてほしいというわけじゃないです。そうじゃなくて、「いや、私だったら絶対やらない」とか「もっといい方法を思いついた」とか、みなさんが考えるための触媒になれたらと思って書いています。

みなさんも、一番いい方法を考えてみてくださいね。そして、それをぜひ私にも（あなたの周りの書く仲間にも）シェアしてほしいです。

みんなで、この「書く」という仕事を、楽しく豊かなものにしていきたいんだ。

## 書く仕事にはどんなものがあるのか

ひとくちに、「書く仕事」といっても、いろんな肩書きがあります。そして、それぞれに求められる職能も違います。

書く仕事のなかで圧倒的に人口が多いのはライターでしょう。

この本では、前半でライターについて話を進め、後半でコラムニスト、エッセイストなどの作家業についても言及します。ライターとの関係で切っても切れない編集者については、全体的に触れる部分も多くなります。

小説家や脚本家に関しては、まったく別の職業だと考えているので、この本では触れません。が、小説家や脚本家の友人たちの話を聞くと、スケジュールの管理や、編集者との関係構築など、ライターと同じような局面で悩んでいるケースも多いと感じたので、一部は参考になると思います。

この本で触れる「書く仕事」

◎ライター
○作家
×小説家
○コラムニスト
○エッセイスト
×脚本家
△ジャーナリスト

「書く仕事」の近くにある職種

○編集者
×翻訳者
×校閲者

◎……徹底的に分析、解説します
○……触れるページがまあまあありります
△……ちょっと触れます
×……触れません

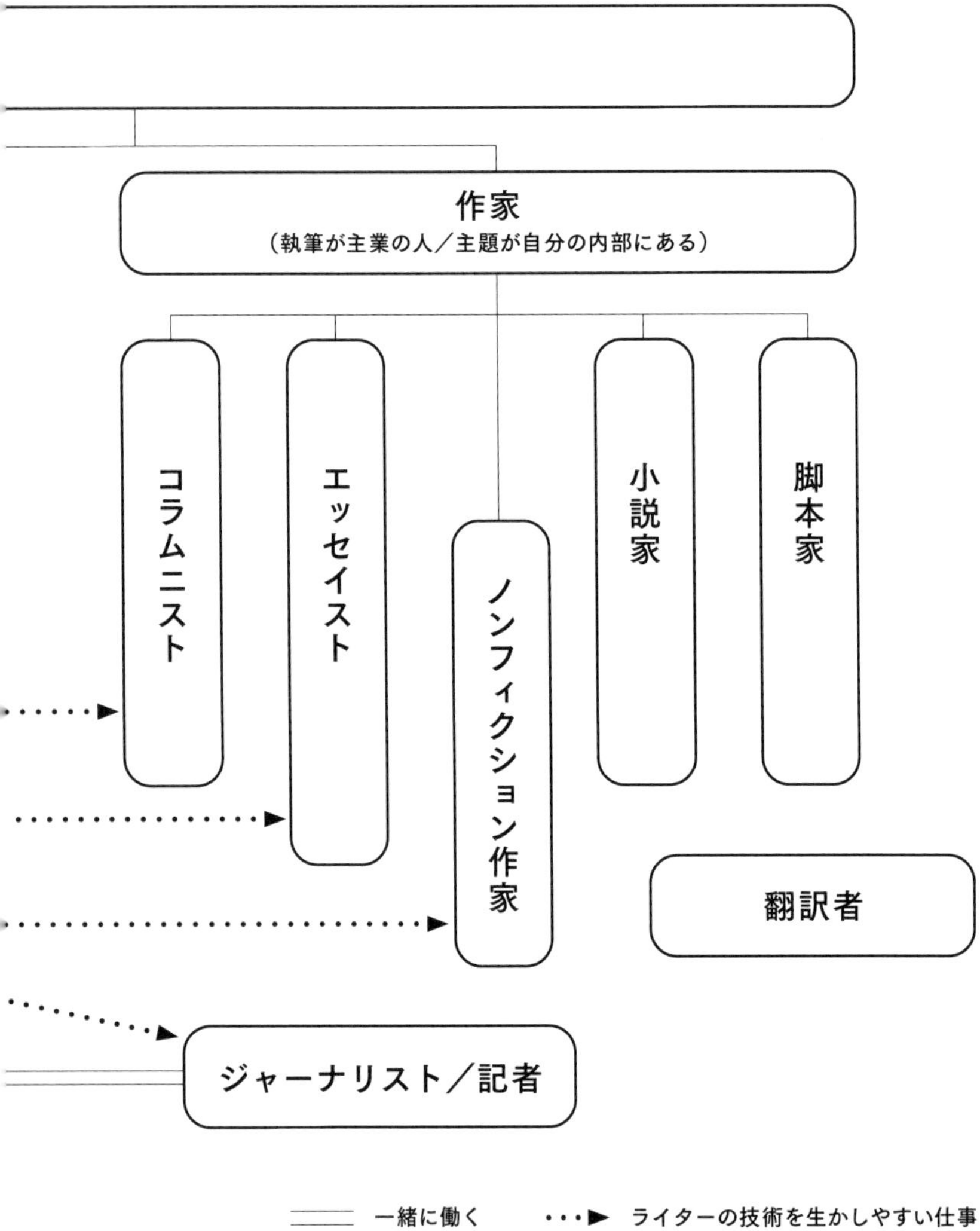
作家
（執筆が主業の人／主題が自分の内部にある）
コラムニスト
エッセイスト
ノンフィクション作家
小説家
脚本家
翻訳者
ジャーナリスト／記者
一緒に働く
ライターの技術を生かしやすい仕事

## ライターから見た「書く仕事」

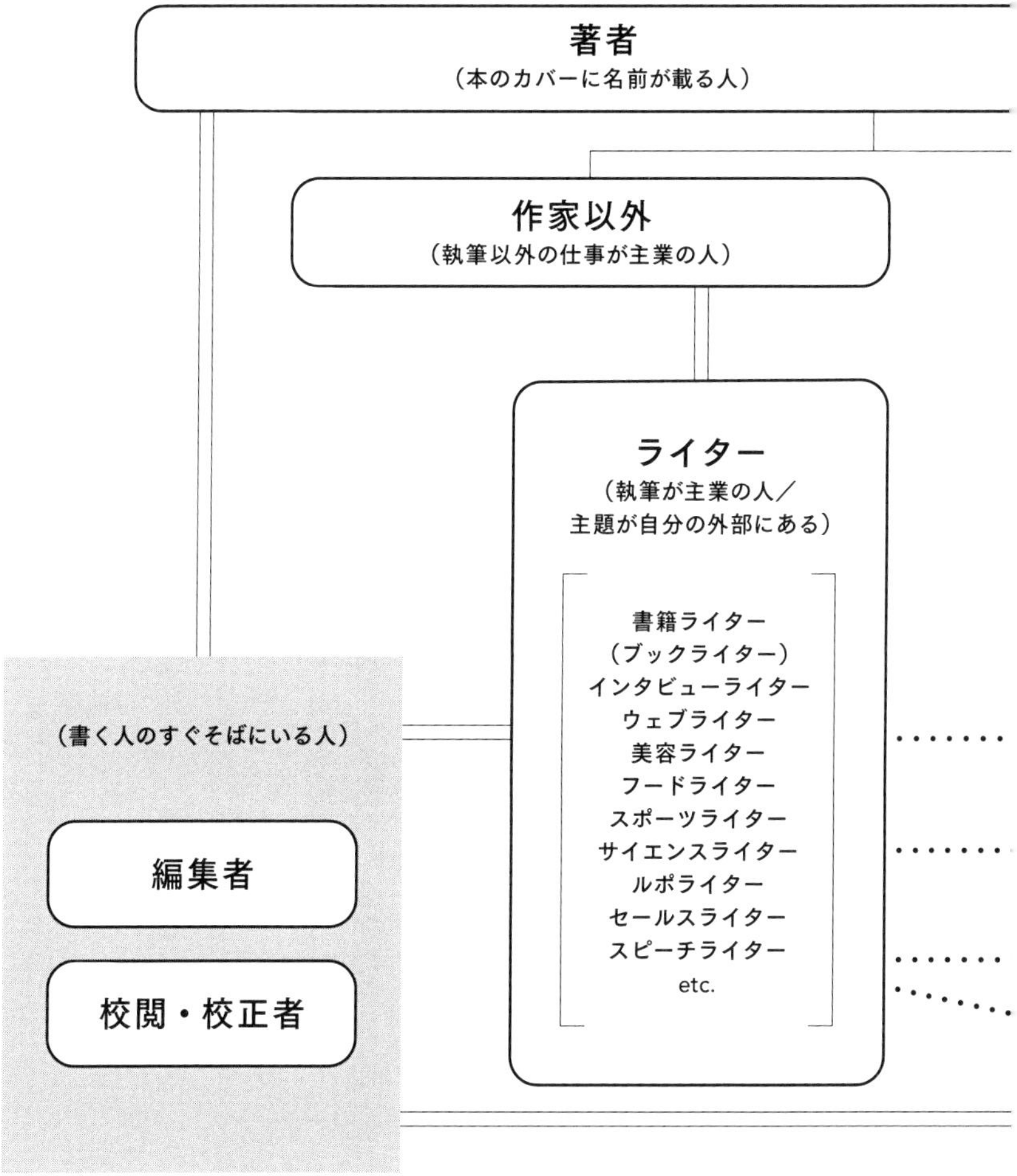

## ライターとはどんな仕事か？

「書く仕事がしたい。でも、自分にそんな才能があるかどうかわからない」
これは、ライターを目指す人から、よく聞く言葉です。

このように思っている人たちは、ライターという職業を小説家などの作家業と同じと捉えているのではないかと感じます。だから、特殊な「才能」が必要だと思ってしまっているのではないでしょうか。

とくに若いころから書くことが好きで、書く仕事に憧れてきた人ほど、ライターという仕事を神格化してしまいがちだと感じます。

私は、ライターは選ばれしものにしかできない、特別な職業だとは思っていません。多くの他の職業同様、実践を経験しながら少しずつライター〝らしく〟なっていけばいいし、**ライターに必要なのは、才能ではなく技術**です。

言い換えれば、私たちはアーティストである必要はなく、**私たちが目指すべきは専門技術を持ったビジネスパーソン**です。

では、ライターであるために必要な専門技術とは何か。

それを話す前に、ライターとはどんな仕事なのか、この本におけるライターの定義をしたいと思います。

ライターという職業の定義は人によってずいぶん違います。

私自身が自分の仕事を人に説明するとしたら、「依頼を受け、取材をもとに原稿を作り、納品する仕事」とでも言うでしょうか。この、

---

①依頼を受ける
②取材する
③原稿を作る
④納品する

---

の4点セットが、ライターの仕事の特徴だと私は思っています。

ちょっと詳しく説明しますね。

## STEP①▼依頼を受ける

フリーランスであれ、企業に属すのであれ、ライターの仕事は、①依頼を受ける、つまり受注から始まります。発注元は、出版社、ウェブ媒体、オウンドメディア、企業の広報などさまざまです。

もちろん、ライターが自分で企画を持ち込むこともあります（私も頻繁に持ち込みをしています）。が、持ち込みをした場合でも、それぞれの媒体や社の企画会議を通ったところで改めて、「依頼」されて仕事がスタートするのが一般的です。

この依頼の段階で、取材日、締め切り、文字数や原稿料などの条件面が提示されます。そこでテーマに興味があったり、条件面が折り合ったりすれば、仕事を引き受けることになります。

「依頼」があることにより、必然的に「想定読者」が決まります。

取材でどんなにいい話を聞けたとしても、依頼者がイメージしている読者にとって有益な情報がなければ、その原稿はボツになります。

つまり、ライターの仕事の多くはフリー演技ではなく、**決められた場所にボールを投げなくてはいけない仕事**なのです。

あとで詳しく話しますが、この**「どこに向かって書くか」は、実は「何を書くか」と同じくらい重要**で、読者に対する相場感を持てるかどうかは、ライターとして生き残れるかどうかの大きな境目になります。

さて、「常に依頼から仕事が始まる」ことは一見、職業的に自由度が低いように思われるかもしれません。でも、この「依頼」という制約があることは、私がライターの仕事をすごく気に入っている理由のひとつです。

依頼される仕事には、自分がまったく興味のなかった分野や、名前も聞いたことのなかった人への取材が多々あります。ライターという職業でなければ、知ることがなかった知識を得たり、会うはずのなかった人と出会えること。この**「強制的に人生が豊かになっていっちゃう感」**が、私はとても好きです。

## STEP②▼取材する

②の「取材」は、「誰かにインタビューをする」ケースが多いですが、「人」ではなく「場所」や「行為」を取材することもあります。たとえば、新規オープンしたレストランを取材したり、イベントを取材したりなど。

場合によっては、「ネットで主婦に人気の100均商品について書いて」とか、「今年の花火大会を地域別に紹介するから調べて」などのように、調べ物をするといった広義の意味での取材もあります。

ライターの仕事がコラムニストやエッセイストと一番違うのは、この「取材対象について書く」という部分です。

コラムニストやエッセイストは、（もちろん書くために取材をすることがあったとしても）「自分が考えたこと」を書きます。一方でライターは、「取材対象が考えていること」や「取材現場で起こったこと」を書きます。

もちろん、取材相手の言葉だけではなく、自分の考えを交えることもあります。けれども、それは**あくまで取材対象をより理解するためのサポートとしての文章であって、主眼は、取材対象の主張を伝えること**です。

さて、ここで、「取材を行って文章を書く」ことを、別の角度からも考えてみましょう。

**取材を行うということは、自分自身がネタを持っていなくてもいい**ということです。（ネタという言葉は品がなくてごめんなさいなのですが、わかりやすいのでいったんネタと表現しますね）。

常に、素材は自分ではない誰か（何か）のほうにある。だから、依頼があるかぎり一生ネタに枯渇しない職業であるとも言えます。

たとえば、ライターの仕事のひとつに、書籍ライターがあります。最近では、ブッ クライターという呼ばれ方もします。この仕事は、著者の方に10時間から30時間くらいの取材をして、その言葉を1冊にまとめる仕事です。私はある時期、1年に10冊以上の書籍ライティングをしていました。

どうしてそんなに多くの本を書くことができるかというと、これは、自分ではなく著者がコンテンツ（ネタ）を持っているからです。ゼロから自分で考えた物語を書かなくてはいけない小説家では、そうはいかないでしょう。

自分でネタを考えるわけではないから、たくさんのアウトプットに関われるというのも、私がライターという職業が好きな理由です。

## STEP ③ ▼ 原稿を作る

③の「原稿」についても説明しましょう。

ここを、「取材をもとに文章を書き」とせずに「取材をもとに原稿を作り」としたのには理由があります。

ライターが書く原稿は、ただの文章ではありません。ましてや、取材中のインタビューをテープ起こししたものではありません。

**「原稿」とは、公開することを前提とした文章や写真やイラストなどを指します。**

ここでのポイントは2つあって、まず1つ目は、**「文章だけが原稿ではない」**ということ。

とくに雑誌ライターの場合は、写真と原稿は切っても切り離せません。ファッション誌などは、誌面面積のほとんどが写真です。いかに写真を引き立てる文章を書けるかがライターの力量といってもいいくらいです。その文章がある時とない時では、写真の見え方が変わるような文章を書けるライターは重宝されます。

ウェブで記事を書く際には、文章に合う写真をフリー素材で見つけてほしいと言われることもあります。

最近では、写真撮影もできますとアピールする「カメラライター」も増えました。私自身も、資料程度の写真であれば自分で撮影することもあります。ですから、写真の良し悪しがわかったり、その生かし方がわかるライターも、これまた重宝されます。

ポイントの2つ目は（こちらのほうがより強調したいのですが）、**原稿は「公開を前提としている」**ことです。

公開を前提としているとは、つまり、先に話したように読者を想定しているということとイコールです。そして、その読者に対して「どんな情報を、どんな方法で」届ければ有益になるかを考えて書いた文章が「原稿」になります。

ですから、取材した内容を何の工夫もなく並べたものは、ただの文章であって「原稿」ではありません。

料理にたとえると、**取材は素材集め。そして原稿作りは調理と盛り付け**になると考えればわかりやすいでしょうか。

たとえば取材でブリが獲れたとして、読者を思い浮かべながら、照り焼きにするのか、塩焼きにするのか、一緒に調達してきた大根も入れて煮込むのか。いやいやすごくフレッシュだから、あえて手を加えず刺身でいこうとか。そういうことを考えながら書くのが「原稿」です。

この調理の仕方にライターの個性があらわれます。個性というよりも、人生観といったほうがいいでしょうか。

私は、ライター講座で講師をしていて、講座生に同じ素材で原稿を書いてもらう課題を出すことがありますが、「え、本当に同じ現場にいたの？」と思うくらい、提出される原稿には差が出ます。

自分が何を面白いと思い、何をつまらないと思うのか。
何を安いと感じ、何を高いと思うのか。
人生の優先順位は何なのか。
許せないものは何か。愛せるものは何か。

もう、恥ずかしいくらいいろんな価値観が丸裸になっていきます（いま、恥ずかしいと書きましたが、書くことは本質的にどえらく恥ずかしいことですよ）。

同じ素材を元にしてさえ差が出るのですから、素材の買い出し＝取材から別行動すれば、それはもう、まったく違う料理が完成します。

もしもあなたが「ライターが書いているのは、取材対象者のことだ」とか「私は黒子であり、原稿から自分の存在は消さなくてはならない」と思っているのであれば、それは多分ちょっと違います。

どんなに自分の存在を消そうとしても、否が応でも自分がにじみ出てしまう。それが、「人が人を取材して原稿を作る」という行為なのです。

## STEP④▼納品する

最後に「納品」という言葉を入れました。

私は、文章を書くことが好きな人が、**プロのライターとして書き続けることができるかどうかは、「書き終わる」ことができるかどうか**だと思っています。

私たちライターがアーティストでない以上、そして「依頼」を受けて仕事をしている以上、納品日までに成果物を納品しなければ、それは、ライターの仕事ではありません。

なぜ、そんな当たり前のことをわざわざ？と、思うかもしれません。けれども私は、この「書き終わる」ができずに、ライターを辞めていった人をたくさん見てきました。

以前、あるメディアに寄せられたエッセイの審査をしたことがあります。年齢制限があり、20代までの書き手の人たちの文章を50本ほど読ませてもらいました。

そのとき感じたのは、「みんな驚くほど上手いな」ということです。少なめに見積もって、応募されてきたエッセイの3分の1は、私の文章より上手いと感じました。

私はちょうどその前日、別件で、このエッセイとほぼ同じテーマの原稿を納品したばかりだったけれど、私のその文章がこの応募作品に紛れ込んでいたら、一次審査も通らないだろうと感じました。

世の中にはこんなに上手な書き手がいっぱいいるのに、私の原稿が原稿料をもらっていいのだろうか、とも思いました。もし読者の投げ銭で原稿料の多寡《たか》が決まるとしたら、私の文章はまったく稼げないなと、冗談でも自虐でもなくスーパーナチュラルに思いました。

でも。

でも、なんですよね。

この上手い人たちのなかには、今後プロの書き手になる人もいると思います。でも、なかにはどんなに本人がそれを目指しても、プロになれない人も、ならない人もいるだろうなあと思ったんです。

というのも、**文章を書いて原稿料をもらうプロになるために必要な条件はおそらくたったひとつで、それは「文章を書いて原稿料をもらう人になる」と決めること**だからです。

言葉遊びをしているわけじゃなくて、これは、「決め」の問題なのです。

ライターという職業であれば、特殊な才能はいりません。ただ、どんな状態でも常に「書き続け」なくてはいけないし、「書き終わら」なくてはいけない。

多分、ここが、プロのライターになれるかどうかの境目だと思う。


これまでたくさんの書き手の卵さんたちに会ってきましたが、書き始めることはできても、書き続けられない人が辞めていきました。

依頼される仕事だから、書きたいものだけを書くわけではありません。対象をどう好きになるか。どう面白がるか。どう愛するのか。それができないと書き続けられないのです。なかにはものすごく上手な文章を書く人もいたけれど、でも、書き続けることができない人は辞めていきました。


これは、ぜひ知っておいてほしいのですが、**完璧な原稿なんて、絶対に一生書けません。だから、書き始めた原稿は、どこかで手放さなきゃいけない。**

「文字数は足りているし今の自分にはこれが限界だけれど、完璧とは到底言えない原稿」をやむなく納品しなくてはならないときもあります。「いい原稿が書けたから読んでください」なんて仕事は、ライターにはないのです。

しかも、どんなに完成度が低い原稿を納品して舌噛み切って死にたくなっているときでも、それを（編集者さん以外に）口に出すことはプロとしてご法度です。

つまり、**ダサくてもひどくてもとにかく書き続け、現状におけるベストで書き終えて納品し、晒されてdisられても言い訳せず、反省し反省はするが折れず凹んでも戻ってくる。そして懲りずに次の原稿を納品する。いつかはもっと上手に書けるはずと信じて書く。「書く」を続ける。**

これが、「〝書く〟を仕事にする」ことだと私は思っています。

というわけで、④に「納品」を入れました。納品しなかった原稿は、ただの呟きであって原稿ではない。

本当は「締め切りまでに納品しなかった原稿は、原稿ではない」と胸を張りたいところですが、これに関しては、ちょっとブーメランなので、ごにょごにょっと濁しておきます。

締め切りに関しては、ね。うん、またあとでお話ししましょう。

*Think*

# 2

# ライターに向いている人とはどんな人か？

## ライターとは、日本語を日本語に翻訳する仕事

同じ「書く仕事」ですが、ライターの仕事とコラムニストやエッセイストの仕事はだいぶ違います。たとえて言うなら、お洋服のスタイリストとデザイナーくらい違う。スタイリストは、すでにある服やアクセサリーを組み合わせてコーディネートを作る人。デザイナーは服やアクセサリーそのものを作る人。まったく違う仕事です。

同じように、ライターとコラムニストやエッセイストは、職能がかなり違います。**ライターは人から受け取った素材を元に、その人の意見で原稿を作る人。コラムニストやエッセイストは、素材そのものを自分で調達し、自分の意見を中心に原稿を作る人**という感じでしょうか。この2つは、かなり大きな違いです。

同じ「書く仕事」のなかで、ライターの職業に一番近いのは、翻訳家だと私は思っています。とくにインタビュー原稿や書籍の原稿においては、求められている職能がとても似ていると感じる面が多々あります。

翻訳家は、たとえば英語を日本語に翻訳したり、日本語をフランス語に翻訳する仕事ですよね。それと同じように、**ライターは日本語を日本語に翻訳する**仕事です。

もちろん、ライターの仕事に翻訳すべき「原文」はありません。ライターの場合、その「原文」にあたる「素材」自体を聞いたり調べたりして調達しなくてはならないところが一番違います。そして、翻訳家が基本的には原文の順番を守って翻訳するのに対して、ライターは原文をあちこち入れ替えて構成し翻訳します。

その2点は大きく違いますが、**相手の意図をくみ取って、最も適した日本語表現に置き換えるという点は、翻訳作業にとても似ている**と感じます。

以前、あるエクソフォニー（母語ではない言葉）で原稿を書く作家さんと対談をさせていただいたことがあります。

そのとき私は彼に、「西田幾多郎さんの『善の研究』を読んでいたが、難解すぎて挫折しそうになった。でもある時、さわりの部分の英訳を読んだら、なるほどこういうことを書きたかったのかと理解できるようになった。日本語は、哲学に向かない言語なのだろうか？」と質問しました。

すると、その方は「それもあるかもしれないけれど、翻訳という行為自体が、そもそもとの言葉を解釈し、わかりやすく噛み砕いて読者の文脈に合わせて再提示するものだから、原文よりわかりやすく感じるのではないか」とおっしゃったのです。

これは、私にとって衝撃的な指摘でした。そしてまさに、ライターがしなくてはならないのは、この「翻訳」の作業だと思ったのです。

**ライターの仕事は、ただインタビュー相手が話したことを短くまとめればいいわけではありません。**その方が、どんな文脈でその言葉を発したのか。「コン・テキスト（文脈を合わせる）する」のが、ライターの仕事であり醍醐味なのです。

原文があってさえ、10人の翻訳家が翻訳すると、10通りの違う日本語の文章が生まれます。ましてや、原文を取材で集め、それを並べ替えて翻訳する私たちライターの原稿には、もっと大きな差が出るでしょう。

そして、その差は、取材相手の文脈をどこまで理解できたかに左右されます。あらゆる経験が、ライターの文章の糧になっていきます。

## ライターとは、問い、選び、伝える人である

では、ライターはどのように日本語を日本語に翻訳するのでしょうか。

私のライター講座で最初にしてもらうワークが、他己紹介です。**5分間で隣の人か**

**ら話を聞き、30秒でその人を全員に紹介**してもらいます。

20人の発表が終わったら、「誰の他己紹介が、一番記憶に残りましたか？」と質問します。たいてい、数人の名前に票が集中します。「では、なぜその人たちの他己紹介が記憶に残ったのか」と聞くと、

「意外な趣味を持っていることがわかったから」
「どうしてこの講座に来たかが、自分と同じだったから」
「名前を由来と一緒に聞けたから、記憶に残った」
などなど、いろんな理由を答えてくれます。

この「記憶に残る」ための技術は、たいてい以下の4つの要素に集約できます。

---

① 初対面の人に話を聞く**「取材力」**
② この場で喜ばれる情報を取捨選択する**「相場感」**
③ 聞いたことを要約し、どの順番で伝えるかを考える**「編集力」**と**「構成力」**
④ 印象に残すための**「表現力」**と**「演出」**

たった5分の取材と30秒の紹介ですが、この「他人の話を聞き、紹介する」という行為のなかに、ライターにとって重要なほぼすべての技術要素が含まれています（含まれていないのは、「書く」ことだけですが、30秒の発表は限りなく「書く」に近い行為です）。

このワークをすると、ライターの仕事のスタートとゴールがよく見えます。

ライターの仕事のスタートは、「自分が気づいたことを（取材で知り得たことを）誰かに届けたい」だと思います。この場合で言うと、「5分で聞き出した仲間の情報を、他の人たちに伝えたい」がスタートライン。

そして、ゴールは何かというと、このケースでは「へえ、○○さんって面白い。友達になりたいな」とか「○○さんと、この話題で会話をしてみたい」と思わせることになるでしょうか。

抽象的な言葉で言い換えるなら、「**伝えた相手の態度や思考を変容させること**」。さらに抽象度の高い言葉で言うと「**この話を知った前とあとで、世界が変わって見せること**」**がゴール**です。

さて、スタートとゴール、そして、そのために必要な4つの技術を意識してもらったところで、もう一度、ペアを変えて取材→他己紹介をしてもらいます。すると、二度目の他己紹介は、驚くほど魅力的なものになります。面白いのは、

・先に紹介された情報はもう伝えなくていいだろう

・いやいやむしろ、先に紹介された情報をもっと深堀りしてみよう

・この場にいるメンバーはみんなライターを目指す人たちだから、そこにからんだエピソードが心に残るのではないか

・いやいや、みんなが取材するポイントが似てくるのであれば、まったく違った角度から質問をしてみよう

といった、独自の工夫が生まれてくるところ。

私がこのワークを最初に行うのは（そして今、この本の早い段階で紹介しているのは）、この一連がライターの本質だと思っているからです。

**まず、「何を問い、何を選び、どう伝えるのか」自体がライターの本質**です。

そして、実際にそれを経験したあとに、**「もっと良い方法はないのか」と考え次の仕事に生かすという態度も、ライターの本質**です。

## ライターは「書きたいこと」がなくてもいい

「書く仕事がしたい」と思っている人のなかには、「でも、何を書いていいのかわからない」とか、「書きたいことがない」という人もいると思います。

「物書きになりたいなら、当然書きたいものがあるはずだろう」と言う人もいるかもしれませんが、私自身は「書きたいことがない」人の気持ちがよくわかります。

私も、書きたいものが出てきたのは、ライターになって20年近くたってからです（逆に言うと、書きたいものが出てきたので、コラムやエッセイの仕事をするようになったのです）。

仮に、人生のゴールが幸せになることだとします。

**「何を書いていいのかわからないけれど、書く仕事がしたい」という人は、「手段」が決まっている人。**書くことで幸せになれればいいから、別にテーマは何でもいいという人です。

一方「**これを伝えたいから、書く仕事をしたい」という人は、「テーマ」が決まっている人。**こういう人たちは、その「テーマ」が重要なので、ひょっとしたら手段は「書く」だけじゃなくて、映画でも音楽でも絵でもいい場合もあります。

これは私見ですが（と言っても、この本は一冊まるごと私見ですが）、実はライターになる人は、私も含めて前者のタイプが多いように思います。**自分には「これがやりたい！」といった、強いテーマがない。だから、テーマを強く持って生きている人に取材するのが楽しい。**ライターになる人からは、そういう声をよく聞きます。

私の場合は、ライター初日にヘアスタイルの記事をやってみなよって言われ、「へえ、意外と楽しい」と思って髪に関する専門ライターになりました。でも、ひょっとしたら勧められたのが料理の取材なら、フードライターになったかもしれませんし、スポーツの取材だったら、スポーツライターになっていたかもしれません。良くも悪くも、「書け」て「楽し」ければ、どんなテーマでも良かったのだと思います。

以前、桜林直子さんの「世界は『夢組』と『叶え組』でできている」というnoteが話題になりました。ここに書かれていたのが、世の中には「自分でやりたいことがある人（夢組）」と「自分にはやりたいことがない人（叶え組）」がいて、このふたつのタイプはいいチームになれるのではないかという話でした。

私もこの話に、なるほどと思ったクチで、「それでいうと、**ライターは叶え組が多い**

な」と感じたものです。**自分の主張を書くのではなく、誰かの言葉を、よりわかりやすく翻訳して伝える**仕事なのですから、ライターは成り立ちからして叶え組だと感じます。（ちなみに編集者は「夢組」タイプが多いです。彼らは、自分が実現したい企画のために、私たち「叶え組」を集めるのです）

## ライターとは面白がれる人である

といった、たとえ話をしたあとに、私がライターにとって一番大事な素養だと感じるのは、「**対象に興味を持ち、面白がれる能力**」だと思っています。

もっとわかりやすくいうなら、「**？**」と「**！**」を、**飽きもせずに行き来できる能力**でしょうか。

ライターの仕事は（それが、常に依頼から始まる仕事なのにもかかわらず）「これって、どうなっているんだろう？」の興味からスタートし、「なるほど、こうなっていたのか！」の**興奮をエネルギーにして回転する**仕事です。

興味を持てなければしんどいし、取材対象（それが人であれ、事象であれ）を面白いと思えなければしんどい。しんどいだけじゃなくて、書く原稿だってつまらなくなります。**ライターは、自家発電する必要はない。でも、取材対象が持つエネルギーをキャッチして面白がれないと、厳しい**です。

あー、それで、思い出した話がある。ある若いライターさんの話です。今から人の悪口書くので、嫌な人は読み飛ばしてね。

私、先輩には生意気言いますが、後輩には大変優しいタイプです（自分調べ）。そんな私が、過去に一人だけ「お前なんか、ライター辞めてしまえ」と思った女がいました。私が静かにブチ切れたその日、彼女が私に何を言ったかというと、「私、ライターになってから、何十人も有名人にインタビューしたのですが、面白いと思える人、一人もいませんでした」と言ったんですよね。

どんなに「てにをは」がおかしい文章を読んでも、「ライターとしての才能がない」とは思ったことがない私ですが、この人だけは、「ライターとしての才能が皆無」だと感じました。

有名無名に関係なく、取材した相手を全然面白いと思えなかったとしたら（しかも過去に取材した人全員だとしたら）、それは①取材相手があなたには本音を話さないと強く心に誓った or ②あなたに、取材相手の魅力を引き出す能力がない or ③あなたに、取材相手の魅力を受け取るセンサーがないの3択です。

そして、そのどれであったとしても、その人は完全にライターに向いていない。本人にもその旨、10倍やわらかい言葉で伝えました（にっこり）。

もちろん、いつなんどきも興味深い話が聞けるとは限らない。そもそも、1ミリも興味を持てない分野の仕事を依頼されることもある。それでも、**その人の話と世界との接点を探り、どの接地面で原稿を書けば一番面白くなるかなと考える**のが、ライターの仕事だと私は思っています。そして

・その作業が（大変でも）楽しめる人は、すんごくライターに向いてる。
・楽しめなくても、諦めずに頑張れる人も向いている。
・全然興味なかったのに、終わるころには「愛してる！」くらいなっちゃう尻軽な人には、天職です。

*Think*

# 3

# ライターへの道は狭き門か？

## 編集者は本当にいつもライターを探しているのか？

この業界ではよく、「編集者はいつもライターを探している」と言われます。

一方で、ライターになりたい人（もっと仕事が欲しい人）は、「探されている気がしない。どこに仕事があるのか見当がつかない」とも言います。「ライター講座で、食っていけるライターは、ほんの一握りだと言われた」という話も聞きます。

どっちの話が本当でしょうか？

結論からいうと、編集者が常にライターを探しているのは事実です。この本の担当編集者のりり子さんも、しょっちゅう「いいライターさんおらへん？」と聞いてきます（バリバリの関西人です）。

私自身の経験だけでいっても、ひと月に2～3回は編集者さんから「このテーマで書けるライターさんを知りませんか」などと聞かれます。

では、ライター業界は本当に人手不足なのでしょうか？　ここでは書籍ライターを例にあげて考えてみます。

現在、日本では1日に約200冊の新刊がリリースされています。つまり年間7万冊以上の書籍が出版されている計算になります。

そのうち、かなり少なめに見積もって3割程度にライターが入っているとして、約2万冊はライターが書いている計算になります。ということは、年に10冊書く書籍専門ライターばかりだったとしても、2000人必要という計算になります。

実際には、年に10冊コンスタントに書けるライターはほとんどいないので、最低でも4000〜5000人以上の書籍ライターが必要であろうとイメージできます。

でも、どう考えても日本に4000人も5000人も書籍ライターがいるようには見えないから、やはり編集者が言う「ライターが足りていない」は、リアルな実感なのでしょう。

ここからわかることは、少なくとも、ライターとして仕事を獲得することは、漫画や小説の新人賞に応募して1等をとらないとデビューできないみたいな、超・狭き門ではない、ということです。

## 探している。「書けるライター」を

では、ライターになりたい人が仕事を受注するのは楽勝なのかというと、そういうわけでもない。それは、**編集者が探しているのは「ライター」ではなくて「書けるライター」だからです**。言い換えれば、「安心して仕事を任せられるライター」です。

結果、いまのライター業界で何が起こっているかというと、「書けるライター」に、さらに仕事が集中する」という現象です（でもまあ、これは、どんな業界でも同じですね）。

さて、次に考えるべきなのは、「どれくらい書ければ『書けるライター』だと思われるか」です。次ページの図を見てください。原稿に求められるスキルを、3つのレベルに分けました。

①「間違っていない」こと
②「わかりやすい」こと
③「面白い」こと

ライターに求められる文章力は?

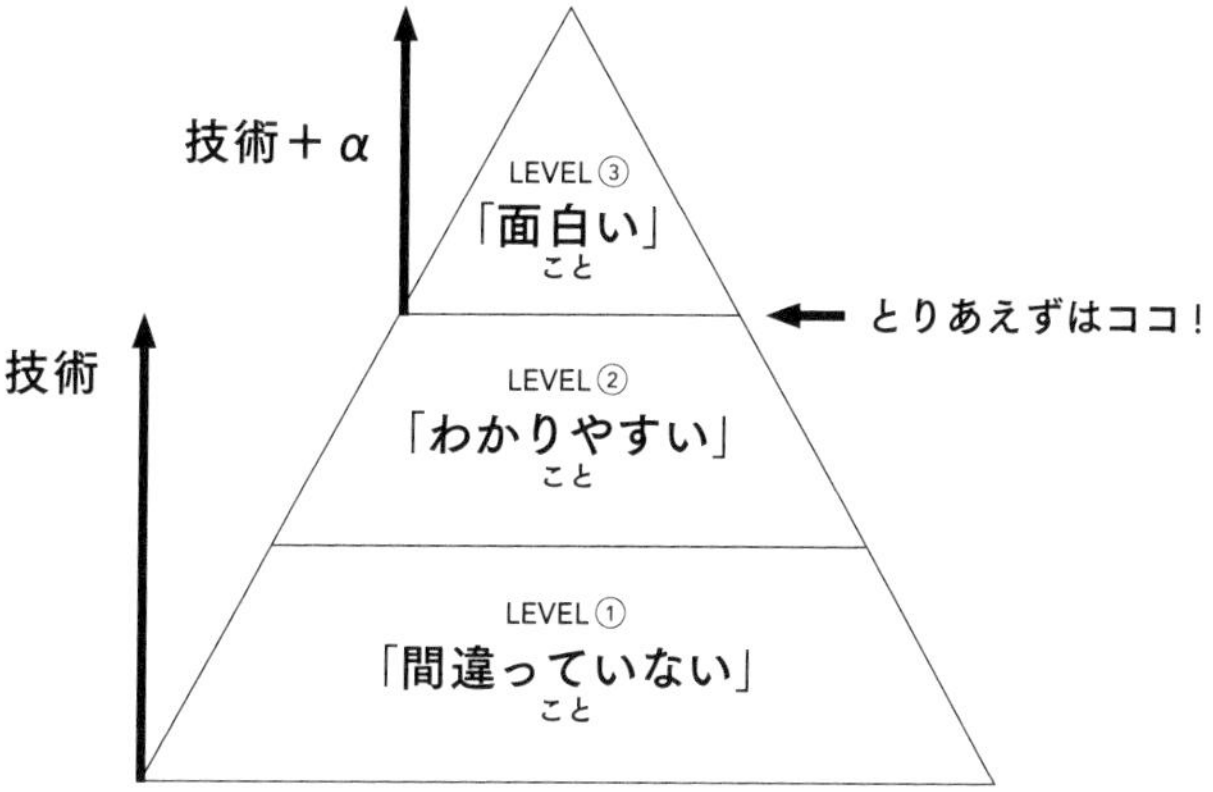


## 文章のレベル①

### ▼「間違っていない」こと

このうち、ライターの納品物として最低限クリアしなくてはいけないレベルは、①の「間違っていない」ことです。

これは、掲載するレストランの住所や電話番号が間違っていないかといった話だけではなく、事実を誤認して伝えていないか、表現が社会的ルールに反していないかなども含みます。このレベルで不備があると、誰かに迷惑をかけたり不利益を発生させる可能性があります。ですので、このレベルは死守です。

さて、みなさん、どう思いますか？

この「間違っていない」ことまでは、多分、「真摯に取り組む」とか「時間をかけてチェックする」とかで、クリアできそうですよね。うん、できるはずです。むしろ、この項目で失敗をするのは、仕事に手を抜き始めたベテランライターのほうが多いくらいです。

## 文章のレベル② ▼「わかりやすい」こと

次のレベルが②の「わかりやすい」ことです。「わかりやすい」文章をひとことで説明するならば、「すらすらストレスなく最後まで読める」文章。逆に言うと、2回読まないと意味がわからない文章は、ダメです。

ただ、この「わかりやすい」**文章を書くのは、実はそこまで難しくありません。なぜなら「わかりやすさ」は、感覚ではなく明確なロジックだからです。**

私はライター講座で、初心者や駆け出しライターの人たちの原稿を何度も添削してきました。トータル6回の講座のうち3回が文章を書くことについての講座ですが、ほとんどの人がその3回のレクチャーで、見違えるほどわかりやすい文章を書くようになります。

そのコツは、

・一文を短くする
・前後の因果関係をはっきりさせて書く

の2つだけです（この2つについては、186ページから詳しく書きます）。

え？　それだけ？　と思われるかもしれませんが、この2つを徹底すれば、ほとんどの人の原稿は断然読みやすくなります。

そして、ここからが最重要ポイントなのですが、この②「**わかりやすい**」ことまで**クリアできれば、ライターとして十分生きていけます。**

私は書く仕事をしていますが、一方で、ファッション誌時代の専門だったヘアスタイル分野に関して、年間30〜40本ほどの取材を受けます。ですから、いろんな媒体のライターさんに取材でお会いします。わりとしっかりした（＝原稿料がちゃんと支払われている）媒体のライターさんたちですが、彼らですら、②のレベルまでクリアできている人は半数程度です。

**逆に言えば、②の「わかりやすい」ことをクリアできていれば、（それなりに憧れ**

の**媒体であっても）平均点以上の仕事になる**ということです。実際、②のレベルをクリアしているライターさんは、どのジャンルでも活躍しています。

しかも、くり返しになりますが、この「わかりやすい」ことは、センスではなく技術なのでマスターしやすい。

そんなに複雑な技術ではないです。私の講座に来てくれると嬉しいのですが、そんなにお金をかけなくても、この本の186ページからを読んで実践してくれれば8割がたOKです。

ちなみに、この「わかりやすい」ことまでのレベルに到達するのに、私が最も良いと思う書籍は『「文章術のベストセラー100冊」のポイントを1冊にまとめてみた。』（日経BP）です。とくに、悪文を良文に添削しているところの赤字が素晴らしいです。まさに、「そう！　みんな、こういうところに赤字入れている！」という見本市のような本です。文章によく赤字を入れられる人は、ぜひ読んでみてください。

## 文章のレベル③▼「面白い」こと（は、いったん忘れる）

最後に、③「面白い」のレベルがあります。「面白い」の定義は難しいのですが、たとえば読者の心を揺さぶることができる文章が、それにあたるでしょうか。このレベルの文章は、私も年間何回書けるかな、というレベルです。

「面白い」という言葉は、「面（おも＝顔）が白い」に由来するそうです。

昔、天の岩戸にこもった天照大神《あまてらすおおみかみ》を引っ張り出そうとした天宇受賣命《あめのうずめのみこと》が岩戸の外で芸をして、やんややんやの大盛り上がりになった話はご存じでしょうか。「私がいないのに盛り上がるとは、なにごと?」と思った天照大神が岩戸の扉を開けたとき、その光で人々の「〝面〟が〝白〟く」照らし出されたというのが、この言葉の語源。

転じて、ひとびとの顔が白く照らされるほど、心を動かす輝きを持った芸事を「面白い」というようになったらしいです。

この話を私は昔、大学の講義で狂言を教えてくださった野村萬斎先生から聞きました。先生は、「僕はこの〝面白い〟を目指しています」とおっしゃいました。

そのときのインパクトが強くて、いまでも面白い文章に出会うと、本やパソコンからビームが出ていて、それを浴びている感覚になります。

面白い文章には、このビームがある。こちらの顔色が変わるほどのビームがあったかどうか。こちらの心が動かされたかどうか。このあたりが、面白い文章かどうかの分かれ目だと思っています。

そして私は、**ライターになってすぐに、この③のレベルを目指すことはやめようと決めました。**

というのも、②の「わかりやすい」までは、いろんな人がその方法を公開してくれているし、比較的早めに到達できそうだと予想できたけれど、そこから③の「面白い」レベルに到達するには、ものすごく時間がかかりそうだ（なにせ、あの萬斎先生でさえ「目指している」段階なのだ！）と思ったからです。

それに加え、ライターの先輩たちの仕事ぶりを観察して、③までいけなくても十分稼げるようだと感じたこともあります。

新人のうちは、いったん②までをクリアしよう。たくさん書くうちに③への道が見えてきたら、そのときに考えよう。そう思って生きてきたら、うっかり21年もたっていました。てへ。

さて。大事なことなので、2回言いますが、ライターは「わかりやすい文章」までクリアすれば、十分食べていけます。

ひょっとしたらこういう物言いは、文章に真摯に向き合っている人たちを怒らせてしまうかもしれない。だけど、私たちが目指しているのは文豪ではありません。まずは、「ライターとして求められている文章」の平均点まで、いきましょう。

## 完璧に書こうとするあまり書けない症候群

　ちなみに、私が「面白い文章」については、いったん後回しにしようと提案するのには、もうひとつ理由があります。

　それは、この「面白い文章」を最初から目指すことで、「書けない病」や「私が書くなんて恐れ多い病」にかかってしまう人をたくさん見てきたからです。

**プロのライターとして原稿を書くことは、恋愛に似ています。**

「いつか上手く書けるようになったら、売り込みにいこう」と思っているとしたら、それって「いつか上手く恋愛できるようになったら、本命に告白しよう」と同じくらいとんちんかん。媒体によって求められる「面白さ」は違うし、評価される文章も、好まれる書きぶりもまるきり違います。

　でも、①「間違っていない」ことと、②「わかりやすい」ことは、すべての媒体で求められるし好まれます。であれば、まずは書き始められる場所を見つけ（そのためにできることは121ページから書きます）、書きながら、①は必ず、②もなるべく早い段階で毎回クリアできる書き手になっていきましょう。

*Think*

# 4

# ライターはどんな生活をしているのか？

## 仕事内容と働き方をイメージする

世の中は、やってみなきゃわからないことも多いけれど、いったん、「ライターになったらどんな生活が待っているのか」「フリーランスとはどんな働き方なのか」を、イメージしておきましょう。

これからライターになりたいという人の不安を因数分解すると、

① ライターという職業に対する不安
② フリーランスという働き方に対する不安

の2点があるように思います。

この2つは別の話なので、一緒に考えないほうがいい。

「ライターに向いていなかった人」の話を聞くと、実は、「ライターには向いているけれど、フリーランスに向いていなかった人」もいるし、「ライターに向いていなかった人」もいます。

私の知り合いのライターさんたちのなかで、どこかの組織に所属して毎月定額のお給料をもらっている人は、ざっと2割くらいです。たとえば、メディアの専属ライターであったり、企業のオウンドメディアの専属ライターだったりというケース。

この場合、②については考える必要がないので、就職先が決まったらいったん飛び込んでみればいいのではないでしょうか。

ライティングは現場で実践してなんぼです。実地を経験できる場があるならば、踏んだほうがいい。いつかフリーになるつもりでも、どこかで書いたことがある経験は、必ず生きます。

こういう方たちには、本書のCHAPTER 3以降が参考になると思います。

## 「収入」と「自由」をバーターする——フリーランスで働く

残りの8割はフリーランスで、毎年毎月仕事によって収入が変わり、確定申告をしている人たちです。私も、こっちチームです。

フリーランスと会社員の違いはいろいろあるけれど、**フリーランスの突出した特徴**

**は「収入の不安定さ」**だと思います。ここでいう「収入の不安定さ」とは、「稼ぎにくい」という意味ではなく、文字通り収入が一定ではない、という意味です。

フリーランスが向く人、向かない人の要素はいろいろあると思いますが、私は、この**「収入の不安定さ（一定しない）」と「自由」をバーターして、「自由」が勝つ人は、フリーに向いている**と思う。

言い換えると、この「不安定さ」を「自分の裁量で収入の増減を決められる」と考えるくらいのポジティブさ（もしくは鈍感さ、もしくは無頓着さ）を持っている人に向くのがフリーランスとも言えるかもしれません。

私は、毎日同じ場所に行く、毎日同じ人に会う、毎日電車に乗るなどが、本当に苦痛で仕方ないのだけど、収入の増減に関してはそこまでストレスを感じないので、フリー向きだと思っています。

逆に、収入に対して一喜一憂しやすいセンシティブな人や、収入が減ると不安になる人などは、フリーランスを続けるのは結構疲れるかもしれないです。

こういう人は、フリーランスになる前に、ある程度、貯金してからスタートするといいかもしれないですね。よく言われるのは、「半年収入がなくても生きていけるようにする」です。ライターの仕事は、だいたい納品してから1～2カ月後に入金されることが多いので、支払いサイクルをイメージしておくのも大事です。

## フリーランスのメリットとデメリット

そして、これはあまり言われないことだけれど、**フリーランスには「収入を増やす」裁量権だけではなく、「収入を減らす（＝仕事を減らす＝休みを多くする）」裁量権もある**のがポイントです。私は前者と同じくらい、後者にフリーランスの魅力を感じています。結婚・出産などのライフイベントに合わせた働き方ができたり、長期の休暇、気分転換の休養などがとりやすいのもいいところです。

もう一点、私がフリーの魅力として感じているのは、リスク回避をしやすいところ。フリーの場合、多くは複数の取引先を持つことになります（だからこそ収入が不安定なわけです）。**インカムを一ヶ所に頼る会社員よりも、むしろ、時代に合わせたリスク回避やリスク分散はしやすい**と感じています。

ただ、これは声を大にして言いたいのですが、「フリーのライター＝自由なことを書ける人」ではありません。フリーランスが自由に決められるのは、仕事や働き方を自分で選ぶことまで。「好きな人と好きな仕事だけして貧乏してもいい」の価値観から「苦手な仕事を受けてでも稼ぐぞ」の価値観まで、そのグラデーションのどこを選ぶか。

その選択は自由ですが、一度引き受けた仕事に対しては求められる内容を納品する必要があります。

そして最後に。これはライターに限りませんが、**フリーランスは「選ばれないと仕事ができない」**です。当たり前のことですが、これ、結構見落としがち。

65ページで言ったように、基本的にはレベル②「わかりやすい原稿が書ける」までクリアできたら、ライターとしては十分です。その上で、「より選ばれるライターになるために、文章以外の部分でどんな工夫をするか」は、この本の主題なので、このあとCHAPTER 2以降でゆっくりお話しします。

## ライターの現場は主に3つ

フリーランスで活動しているライターの友人たちは、主に3つの戦場にいます。

① 書籍の現場
② 雑誌やウェブメディアの現場
③ 企業のホームページや広告の現場、オウンドメディアの現場

どこをメインの働き場所にしているかは人それぞれですが、長くライターをやっている人は、たいていハイブリッドになっていく印象です。

ちなみに、②と③は何が違うかというと、

②の目的は、読者に喜んでもらう記事を書くことによって、**媒体としての収益**（販売収益や広告収益）**を上げる**こと、

③の目的は、読者に喜んでもらう記事を書くことによって、**特定の企業や商品のファンや購買を増やすこと**、という部分。

毎月（毎週・毎日）お願いされるレギュラー仕事が多い人もいれば、常に単発の企画を好んで受ける人もいます。

また、フリーランスといっても、

・オウンドメディアで月に5本書く契約をして一部固定給をもらっている
・ライターズオフィスや編集プロダクションに所属し一部そこの仕事を受けている

といった働き方をしている人もいます。こういった「一部固定給がある」とか、「毎月確実に収入が見込める」働き方ができると、それ以外の仕事は原稿料の多寡を気にせず、好きな仕事ができると話す人も多いです。

ただし、**固定給の仕事であれ、単発の仕事であれ、永久に続く仕事はありません。**

私はライター人生21年目になりますが、現在進行中の仕事以外のすべて、つまりこれまで担当してきた仕事のすべては、打ち切られています。言うならば、**失客率100パーセント**です。

レギュラーだと思っていた仕事がいつの間にか別のライターさんに引き継がれていることもありますし、その媒体自体が消滅することもよくあります。「またぜひお仕事を！」と言われた編集者さんに、それ以降お会いしないケースもあります。

こういったことを前提に、どうやって仕事を絶やさないかという話は、263ページからします。が、そもそもライター仕事において「永遠に発注され続ける仕事はない」ことは、先にお伝えしておきますね。

# ライターの24時間

さて、ライター講座でお話しすると、100パーセントの確率で質問されることが2つあって、そのうちの1つが、「24時間のスケジュールを教えてください」です。私もライターになる前に、一番知りたかったことです。

なのですが、「**その日によります**」としか答えようがないのがフリーランスの仕事ですし、それ以上に「**その人によります**」となってしまうのがライターの仕事です。ということを前提にしつつも、ひとつの目安として、私自身のよくあるスケジュールを書き出してみました。

**執筆中心の日**

朝6時半起床↓朝食作って（私は食べません。子どもの分だけ）↓7時半くらいから執筆↓（途中1～2時間お昼寝）↓夕方に子ども帰宅↓17時くらいに仕事終える↓夕食作って食べて↓本読んだりドラマ見たり↓23時くらいに就寝

**取材や打ち合わせがある日**

朝6時半起床↓朝食作って↓取材場所に移動↓取材や打ち合わせのはしご↓（空き時

間はその近くのコワーキングスペースやカフェなどで書く）↓適当に外食（子どもの夕食はシッターさんやウーバーイーツさんに任せる）↓帰宅↓本読んだりドラマ見たり↓23時くらいに就寝

取材や打ち合わせ後に原稿を書くのは、20代のときは余裕でしたが、今の私にはキツイので、外出仕事はなるべく1日にかためます（1日に4～5本とか）。

**超・忙しい日**

朝4時起床↓執筆↓朝食作って↓17時くらいまで書く↓夕食作って食べて↓執筆↓24時くらいに寝る

という感じでしょうか。執筆場所は自宅が大半ですが、集中して仕上げたいときは、パソコンが使える図書館やコワーキングスペースなどで書くことも多いです。

このあたりはライターによってだいぶ違って、ざわざわしたカフェのほうが集中できるという人もいれば、絶対に自宅のデスクでしか書かないという人もいます。打ち合わせ先に車で向かって、空き時間は駐車場で原稿を書くという先輩もいます。

## 「書く」時間が仕事のほとんどではない

意外かもしれませんが、ライターの仕事のうち、実際に「書いている」時間は、**実はそこまで多くはありません。**

これは、どんな分野のライターをするかにもよるのですが、私がファッション誌のライターをしていた時代は、実際にパソコンに向かって書いている時間は、仕事の2割くらいでした。

同じファッション誌のページでも、私は美容のジャンル、なかでもヘアスタイルを専門にしていたのですが、編集部から仕事の依頼がきたあとにライターの私がすることには、たとえばこんな内容がありました。

＊ 企画に関して編集者さんと打ち合わせをする
＊ そのヘアページに、どの美容師さんをキャスティングするか決める［★］
＊ 美容院に企画書を送る
＊ 美容院に打ち合わせにいく（企画によるけれど、平均10カ所くらい）
＊ 撮影の香盤表（撮影スケジュール）を作る［★］

＊撮影現場で写真撮影のディレクションする［★］
＊美容師さんに髪型のポイントを取材する
＊撮った写真のなかで、どれを使うかを選ぶ［★］
＊レイアウトが出てきたら、原稿を作る
＊ゲラ（ページの見本）で原稿にミスがないかチェックする
＊撮影協力してくれた各所に原稿の確認をしてもらう
＊色校（ページの見本）で原稿と色をチェックする
（★部分は、出版社によってはライターではなく編集者の仕事）

こうやって書き出すと、原稿を書いている時間が全仕事の2割程度というのもわかっていただけるでしょうか。

これがウェブのインタビュー記事になると、

＊企画に関して編集者さんと打ち合わせをする
＊取材相手やテーマに関しての事前準備をする

* インタビュー取材や撮影をする
* テープ起こしをする［★］
* 原稿を作る
* （編集者・取材相手から赤字が入った場合は）再執筆する

といった流れになります。

書籍の場合も流れは同じですが、単発のインタビュー原稿と違う部分は、取材が複数回にわたるケースがほとんどだということ。加えて、原稿を作る前に構成案の提出やテスト原稿の提出があったりします。そして雑誌同様、ゲラチェックがあります。

書籍の仕事の場合は、個体（？）差が大きいのですが、平均的なところで次のような作業があります。

* 下調べをする（10時間程度）
* 取材をする（10〜20時間程度）
* テープ起こしを読み込んで構成を考える（10時間程度）

＊　原稿を作る（40～60時間程度）
＊　ゲラチェックや書き足しをする（10時間程度）

となると、書籍に関しては、原稿を書いている時間の割合がかなり高くなると思います。とはいえ、全体の作業量の半分を超えるかどうかといったところでしょうか。

## 仕事とプライベートは切り分けられるのか

さて、もう1つ。

ライター講座で100パーセントの確率で聞かれる質問が、「仕事とプライベートをどうやって両立させていますか？」です。

今さらながらの自己紹介ですが、現在私はシングルマザーで、小学4年生の息子がいます。都内に住んでいて、小学校に入る前は保育園、小学校に入ってからは学童保育に子どもを預け、その保育時間を超えるときには実家の母やシッターさんに頼んで仕事をしてきました。夫がいた時期もありますが、3人家族だったときも、子育てに関しては比較的私が担当する割合が多かったと感じます。

さて、本題です。

「仕事とプライベートをどうやって両立させていますか？」についてですが、私、そもそもこの質問に毎回うっすら違和感を覚えるんですよね。

というのも、「両立」という言葉には、どちらかを立たせれば、どちらかが犠牲になる、そういったトレードオフのイメージがあります。

でも、**フリーランスの人間にとって、自分の24時間は、すべて自分の時間**です。人から管理されている時間は、私の24時間の中にはありません。

また、「書く仕事」をする人間にとって、仕事とプライベートは、そんなに明確に切り分かれているようにも思えません。

この仕事は、先に書いたように、すべての時間で感じたことが文章ににじみ出ます。逆に仕事で得られた情報も、自分の他の時間に染み出していきます。仕事とプライベートが、シームレスにつながっている職業だと思うんですよね。

むしろ、**シームレスな時間を過ごしたくて、この仕事を選んでいる**という側面もあります。なので、仕事とプライベートを両立させよう、つまり「両方立てよう」とはさらさら思っていなくて、単に24時間をどう使うか、とだけ考えています。

私が優先させる時間は、「①自分にしかできないこと」と「②自分がしたいこと」の2つ。それで時間が足りなくなったら、仕事であれ、プライベートであれ、アウトソーシングするか、そのことを諦めます。

結婚や出産などのライフイベントと、書き手としてのキャリアをどう考えるかは、CHAPTER 5で詳しく書きたいと思います。

## ライターは引退しなくてもいい仕事

ちょっとだけ、昔話をさせてください。私がライターという職業を選ぶことになったきっかけは、中学生時代に遡ります。

当時、私は軟式テニスという競技をやっていました。今は、ソフトテニスという名称になっていますが、白い柔らかいボールをぽんぽんする競技です。たまたま父が、日本を代表する指導者で、私は中学3年生のときの中体連の個人戦で全国優勝しました。

ライバルだった私以外の選手の多くは、のちにナショナルチームに加入し、世界選手権でも活躍していきました。

でも私は、テニスを続けませんでした。なぜかというと、全国大会が終わった瞬間に、「引退のある仕事は嫌だ」とはっきり感じたからです。

試合はめちゃくちゃ楽しくて、このままずーっと続けばいいのにというくらい至福の時間でした。これまで練習してきたことを、もっと試したかったし、もっとたくさんボールを打ちたかった。

でも、大会が終わったら3年生は強制的に引退させられます。もっとやりたいのに、その場所がない。学生のうちはまだ、次の年に新しい大会に出ることもできますが、社会人になって実業団に所属したら、自分のやる気だけで活動の場を選べそうにないことは、15歳の私にも容易に想像できました。

子どもながらに、「**一生を懸ける仕事に、年齢制限があるのは嫌だ**」と思ったのです。

ここでまず「働くなら何歳までも働ける仕事がいい」という目標が決まりました。

次に、当時の私は「好きなことをしてお金がもらえたらいいな」と考えました。中学生が考えそうなことですが、子どもなりに、結構真剣に考えたんですよね。

多くの大人は、「仕事をして、それで得たお金で、仕事のない時間に自分の好きなことをしている」ように見える。でも、**「仕事をしている時間も好きなことができたほうが、楽しいに違いない」**と思ったわけです。

私が、小さいころから好きだったのは「考えること」でした。本を読んで考えたり、大人のおしゃべりを聞いて考えたり、ニュースを聞いて考えたりするのが好きだった。「なんで？」「どうして？」「それは本当に？」が口癖で、大人たちには「しつこくて、面倒くさい子」と思われていました。

ここで、15歳の少女は思います。

「よし、考えること自体でお金がもらえる仕事につこう」

今なら、どんな職業でも「考える」ことがついてまわることはわかります。しかし当時は職業に対する解像度が低かったので、漠然と「学者」とか「研究者」とか「取材する仕事」とか「それをまとめる仕事」は、いっぱい考えることがありそうで楽しそうだなあと思っていました。

というわけで、15歳だった私は、

・突然引退させられない仕事（引退の時期を、誰かに勝手に決められない仕事）
・考えることでお金がもらえる仕事

の2点を最重要ポイントに据え、テニスを続けないことを決めます。

幼く拙いながらに考えたポイントでしたが、驚くことに、この2点は今の私にとっても変わらず最優先項目です。そして、飛び込んでみてわかりましたが、ライターという職業は、この2点を満たしてくれる仕事でした。

私は、この仕事が、好きです。

## 書くことで世界に手が届く――書くから考える

ライターの仕事の良さは、いろいろあります。

まず、普通は会えない人に会える。会えるだけではなく、質問までできること。生徒で通ったとしたら100万円以上かかる講座内容を、自分のためだけに（編集さんと2人のためのことの方が多いですが）話してもらえることも、よくあります。私自身も、取材が大好きです。著名な方であれ、市井の方であれ、人の話を聞くのは楽しい。知らないことを新たに知ることは、楽しい。

インタビュー現場では毎回すごく興奮しますし、そのぶん「ああ、インタビューだけで仕事が終われば、こんなに楽しいことはないのになあ（原稿書くの、しんどいな）」と思うこともあります。

が、これはとても不思議なのですが、実際に書き始めると「インタビュー現場では気づかなかった、話し手の思考の深い部分に手を触れる」ことになります。書いているときに初めて、「ああ、こういうことを話していたのか」と気づくことがあるのです。

**聞くだけでは到達しない場所に、書くことによって手が届く**んですよね。

おそらく「善く書く」という作業は、誰かの思考をトレースしたり、誰かの経験を追体験し、もう一度目の前に文章で再現する作業なのだと思います。

**この人が感じた感動とは、どんなものであったか。**
**この人が感じた苦しみとは、どんなものであったか。**
**それをなるべく深く想像しながら、文章に変換していく。**

だから、ライターの仕事は単なるテープ起こしとは全然違います。取材相手の語りのなかから、読者にも共有したいと思った景色を（思想を）、もう一度目の前に広げて見せる。当然、こちらがどこまで相手の話を受け取れたかによって、原稿の解像度も変わります。

そういった作業をくり返していくと、ときどき本当に、取材相手と体や脳が重なることがあります。

このエクスタシーは、インタビューだけでは絶対に得られない。だから、毎回「インタビューだけで終われば楽しいのにな」と思いながらも、「いやいや、書くからこそ、楽しいんだよな」と思い直して、パソコンに向かうことになります。

すでに書いたことがある人であれば、共感していただけると思うのですが、ライターの仕事とは、「考えたことを書く」仕事ではありません。「**書くから考える**」という仕事なのです。

だから、はからずも私、15歳のときに希望した通りの職業についているのだなあと感じます。

私は、いわゆる「ていねいな生活」が、とても苦手です。お花を育てるとか、季節の行事を楽しむとか、毎日変わる空の色を感じるとか、めちゃくちゃ苦手です。

でも、文章を書いているとき、自分はとてもていねいな生活をしていると感じます。

書くときは、人の話に注意深く耳を傾けます。言葉のひだとひだの間に指をつっこんで、その間を慎重になぞりながら、その人が伝えたかったことは何だったのかを探っています。ひとつ経験が増えるたびに、ひとつ理解できる感情も増えるし、書ける言葉も増えます。それが、私にとっての「生活」です。

その生活にはオンもオフもなく、シームレスにつながり、仕事で聞いた話が生活に生き、生活で感じた疑問を仕事で尋ね、そんなふうに毎日が重なっていきます。

究極のところ、いいライターになるためには、人生に深くコミットすることが必要なのだろうなと、最近感じます。

Think

# 5

# ライターはどれくらい稼げるのか？

## ぶっちゃけ知りたい、できるライターの稼ぎはおいくら？

生々しい話ですが、でもみんな知りたいと思うので、話します。お金のこと。まず、大変残念なお知らせですが、私がライターになった21年前から、原稿料はデフレの一途をたどっています。とくにファッション誌のページ単価などは、ライター1年目が一番高かったように感じます。

また、原稿料は、時代にもよるし、媒体にもよるし、同じ媒体でも執筆者によって差があるところもあります。それでも、みなさんざくっとした目安を知りたいと思うので、書いておきますね。

原稿料だけをお伝えしても、その原稿を書くのにどれくらい時間がかかるのかがわからないと、この仕事で食べていけるのかがイメージしにくいと思います。ですので、原稿にかかる時間の目安も書き出しました。

お金も時間も、平均は出しにくいので、あくまで私と私の周りのライターさんたちから聞いた一例だと思って読み流してください。

## ファッション誌の原稿料

ファッション誌に関して言うと、ページ単価が決まっているところがほとんどです。私が仕事をしてきた編集部は、だいたい**1・5万〜2・5万円／ページ**くらいの間でした。ベテランか新人かでページ単価が違う編集部はほとんどなくて、基本、一律のお値段というところばかりでした。

肝心の原稿の分量ですが、

・1ページに写真が1枚。20文字の見出しと200文字程度のキャプションを1本書くだけ。原稿を書いている時間は10分程度といった天国ページもあれば

・2ページでマスカラ50本試し塗りみたいな、これ何地獄？　私、前世で何か悪さした？

みたいなページもあったりします。

こういう無間地獄的ページでは、リリースを見ながら商品名を正しく書くだけでも半日仕事になる上に、試し塗りした感想を50本全部書き分け、死んだ魚の目になりま

す。こういう場合は1ページ10時間くらいかかったりすることもあります。

と、ここであげたのは極端な例ですが、実際のところ、天国ページだけとか、地獄ページだけといった企画はほとんどなくて、たとえば8ページの仕事を引き受けたら、最初の2ページは天国ページ、真ん中の4ページはまあ平均的なページで、最後の2ページが超絶細かい地獄ページみたいな配分だったりします。だいたいの場合は、おしなべてまあ今回も地球的な仕事だったよね、という感じに着地します。

ただ、ファッション誌に関しては、現在、休刊ラッシュが続いています。いま、ファッション誌の仕事だけで大きく稼ぐことは難しくなっています。ファッション誌を主戦場にしていたライターさんたちも、ウェブの仕事を受けたり、広告の仕事を受けたりして、ハイブリッドな仕事をしている人が多いと感じます。

## ウェブ媒体の原稿料

ウェブ媒体の仕事の原稿料は、雑誌以上にばらつきが大きいです。**ニュース系媒体のインタビュー記事でいうと、1本2万〜8万円**くらいの間でしょうか。

文字数が多いインタビュー記事は、原稿料がやや高めに設定されていたりします。が、ことインタビューに関しては短いからラクというわけではなく、**1人を取材するための事前準備は文字数が多くても少なくても同じ**だけかかります。

さらに、インタビュー記事に関して言うと、長い原稿より短い原稿のほうがよっぽど技術が必要で難しいんですよね。それで原稿料が低いとなると、あきらかに割に合わない。ですから、ベテランになると、短い＆安いインタビュー記事の原稿は引き受けず、ロングインタビューだけを引き受けるという人も多いです。

インタビュー仕事は、事前準備も時間がかかりますし、原稿を書くにもそれなりに時間がかかります。事前準備、取材、執筆で、最速でも10時間はかかるでしょう。やみくもに本数を増やすのは難しいとなると、単価を上げる他ない、となります。

ただ、同じ文字数のインタビュー原稿でも、**オウンドメディアや広告関係**（※76ページ参照）**は、原稿料が倍以上に跳ね上がることもあります。**ウェブを主戦場にしているライターさんたちは、こういった企業系の原稿を差し込みながら、収入を安定させている人が多い印象です。

## 書籍の原稿料

書籍の原稿料のもらい方は、大きく分けて2パターン。

1つは、書き上がったときに**一括で原稿料をもらって終わる**ケース。これを（あんまり品のいい言葉じゃないけれど）「取っ払い」と言ったりします。本が売れても売れなくても、一括でもらっておしまいという原稿料のもらい方で、40万〜70万円くらいの間の提示が多いようです。

もう1つは、**印税でもらう**ケース。

著者とライターの印税配分は、本当にケースバイケースです。私がこれまで約50冊ほど担当してきた肌感でいうと、初版に関しては、ライターの負担が大きいので著者：ライター＝5：5〜6：4くらい。重版からは著者の販促努力によるところが大きいので、著者：ライター＝6：4〜7：3が多いでしょうか。だいたい定価の8〜10パーセントの印税を、この割合で按分することになります。

細かい話になりますが、重版がかかるだけで印税がもらえる（つまり印刷されれば印税がもらえる）出版社もあれば、実売印税といって実際に書店などで売れた冊数分の印税で支払われる出版社もあります。

書籍の原稿料や印税に関しては、出版社や編集部によって一律で決まっているというよりは、**毎回毎回、著者とライターと出版社の話し合い**で決まります。同じ編集部でも書籍によって印税率が違ったり、同じ編集者の仕事であっても、著者によって印税率が違ったりします。

いずれにしても、取っ払いの原稿料が一定金額を保証されるのに対して、印税の場合は、どれくらい部数が伸びるかによって、ライターへの支払いが変わります。原稿料取っ払いに比べて、夢もあるし、大コケもあります。私は著者さんと一緒に夢を見たいので、書籍の仕事をお引き受けするときは、印税一択です。

書籍の仕事は、取材から執筆、出版まで、どんなに早くても3ヶ月〜半年くらいかかります。もちろんその仕事にかかりきりではなく、いろんな仕事と並行して進めていくのですが、私が知っている最もスピーディに書いている先輩ライターさんでも、1カ月に1冊ペースが限度になります。私自身も過去に限界に挑戦してみましたが、やはり年間12冊がギリギリだと感じました。

となると、それなりに重版がかからないと書籍一本で食べていくのはなかなか厳しいと思います。

ちなみに**日本の書籍の重版率は約1〜2割**だと言われています。ただ、ライターさんによっては重版率8割とか9割という人もいますから、そういう人であれば、印税のほうが稼げるでしょう。私自身は、今回確認してみましたが、約50冊の重版率は6割くらいでした。

書籍のライターについてもう少し知りたい人は、私の師匠でもある上阪徹さんの『職業、ブックライター。』（講談社）に詳しく書かれています。そちらもぜひ読んでみてください。

## 売り上げをキープできている人たちの9つの戦略

さて、ここまで読んでいただくとわかると思いますが、ライターは、そこまでお花畑な仕事ではありません。

書籍ライターの印税以外は、労働集約型モデルになるので、**単価が低い仕事をしていると、働けど働けど暮らしは楽にならない**ということも起こります。

ただ、長年フルタイムでこの仕事を続けているライターさんたちと情報交換すると、年によって振れ幅はあるものの、コンスタントに年間売り上げ800万円を超えている方が多い印象です（念のため、これは売り上げ金額であって、経費などを引いたあとの年収ではありません）。

800万円というと、月間66万円です。ちゃんと休みをとりながら健康的に稼ぐためには、工夫が必要な金額になります。

では、そういう人たちが、どういうところで年間800万円以上の売り上げをキープしているかというと

①広告やオウンドメディアの仕事で安定収入がある
②（出版社や媒体社ではなく）企業の仕事を受けている
③著名人の専属ライターをしている（書籍やブログ、メルマガなど）
④編集者の仕事もしている
⑤編集プロダクション的な仕事をしている
⑥原稿だけではなく、イラスト、写真、動画なども納品できる
⑦ライターになりたい人や、ビジネスパーソンなどを相手に文章を教えている
⑧専門分野があり、その分野でアドバイザーやコンサルティング、講演などをしている

## ⑨ 年に1冊程度は数万部のヒット本に恵まれている

などの、どれか、もしくは複数に当てはまっているように思います。

私自身は、そのつどそのつど、**自分の年齢やライフスタイルに合わせて、①〜⑨の要素を組み合わせながら、ライターの仕事を続けてきました**（③だけは経験がありません）。

私の周りの長く働いているライターさんたちも、だいたい同じような状況ではないかと感じます。

また、前にも書きましたが、フリーランスの良いところは、収入を上げられることだけではありません。時間を優先する働き方も選ぶことができます。

フルタイムで働き、年に1000万、2000万といった売り上げを上げるライターがいる一方で、週に2〜3日くらい働いて300万〜400万円くらいの売り上げをキープしているライターの知り合いもたくさんいます。この働き方を選んでいる人は、共働きの人に多いように思います。

育児中は少しペースダウンし、子どもの手が離れてきたら、またフルタイムで働くようになったという人もいます。

仕事の増やし方や、ライフスタイルに合わせたキャリア形成に関しては、CHAPTER 5で詳しくお話しします。

CHAPTER

# 2

# デビューするまでのこと

書くこと、そしてそれを続けることに関して、私がしつこく考え続けているのは、20代のころに手痛い経験をしたからです。

大学を卒業した後、私はテレビの制作会社に入社しました。「考えることを仕事にしたい」と思った私は取材ができる仕事につこうと考えたのです。

研修期間を終えてすぐに私たちはＡＤとして各番組に配属され、そこで先輩に言われた言葉が私に大きな影響を与えます。

いいかお前たち。

ＡＤは「Ａ＝アシスタントＤ＝ディレクター」の略じゃない。ＡＤは「Ａ＝あんたはＤ＝奴隷」の略だ。ここは軍隊だ。お前たちは兵隊だ。

ブラック企業なんて言葉も、やりがい搾取という言葉もない時代でした。いまより１００倍くらい素直だった私は、その言葉を真に受けて一生懸命働きました。

ディレクターが犬を撮りたいと言ったら、それが夜中の2時であっても犬を探し、ディレクターが蛇を撮りたいと言ったら、それが朝方の5時であっても蛇を探しました。バッグの中には、ディレクターが吸うタバコを常備。ディレクターが黒と言ったら黒、白と言ったら白。

ディレクターが欲しいと思うものを、もれなくそつなく素早く準備すること。それが私の仕事だと思っていました。当時仕事を一緒にしたディレクターには、「今までで、一番使えるＡＤだ」などと褒められて、嬉しくなったものです。

けれどもあるとき、初めて一緒に仕事をしたディレクターにこう言われた時、私は困ってしまうのです。

「ねえ、この編集とさっきの編集どっちがいいと思う？」

隣に座ってボーっと編集作業を見てはいたけれど、どちらの編集がいいかなど、考えてもいなかったので、私はテンパってしまいました。

自分の意見など、いままで求められたことがなかったし、アシスタントはディレクターに言われた通りのことをすればいい、そう思っていたので、自分ならどうするかなんて、一度も考えたことがなかったのです。

何も答えられない私に、彼は、呆れた顔をして言いました。

「お前さあ、アシスタントディレクターだろ？　ディレクションが仕事だろ？」

え？　ＡＤって、そういう意味なの？　私、聞いてない、と思いました。

ふと、周りを見渡せば、同期は次々と企画書を書き、デビューの準備を進めています。編集作業中は先輩のディレクターに堂々と意見し、より良い映像になるように一緒に悩み、共にひとつの作品を作り上げています。

ただのマシンのように、それこそ奴隷のように、言われたことをそのままやっているアシスタントなんて、私だけでした。

このとき、私は自分の致命的な失敗に気づくのです。

「私、この2年間、無駄にした――――!!」

2年間、一度も自分の頭で考えていなかった私。人に言われる仕事をそのまま何の疑問も持たずにやっていた私。なんてもったいない2年間を過ごしたんだろう……。

そこからのリカバリーは想像以上に難しいものがありました。

「自分だったら、どうするだろう？」

365日間×2年。それを考え続けた人と、それをしなかった人の間には、取り返しのつかないくらい、大きな差が生まれます。

どんどん大きな仕事をまかされる同期の活躍を目の端でちらちら気にしながら、アシスタントとしては優秀だと言われていたのに、なかなか仕事を任せてもらえないことに落ち込み、けれども、自分の頭で考えてこなかったので企画書も書けず。気づけば1年下の後輩たちにも、次々とディレクターデビューを追い抜かれ。

鬱々とした気持ちは体調の変調へとつながり、体を壊して辞めることになったのは、入社3年目のときのことでした。

3年もテレビの会社にいたのに、結局私は5分のコーナーVTRを1本作っただけで、テレビの制作会社を退社しました。

先輩に、

「お前ほど、この仕事に向いていないヤツ、これまでいなかったな」

と、言われました。

一言も、反論できませんでした。

*

ライター業に転職したとき、だから、今度こそは、こんちくしょうと、自分の頭でちゃんと考えることを、心に決めたのです。

今度こそ、目を凝らしてその仕事を見よう。

人の仕事をよく見よう。そして、自分だったらどうするか、自分が任されたらどんな文章を書くか、いつも考えていよう。そう思って、毎日過ごしました。

「どう思う？」と聞かれたら、すぐ意見を言えるように。

「やってみる？」と言われたら、そのときは、いつでもバッターボックスに立てるように。

この章では、どうやってライターデビューするか。未経験の仕事でどう強みを作っていくのかについて考えます。

CHAPTER 2 で考えたいこと

*Think 6* ライターになるために必要な準備は？

*Think 7* どうすればデビューできるのか？

*Think 8* 強みはどうつくる？　どう売り込む？

Think

# 6

# ライターになるために必要な準備は？

## 初期費用は控えめでいい——ライターの7つ道具

さて、ライターになる前に必要な道具をリストアップしましょう。リストアップして思ったんですけれど、ライターってものすごくお手軽ですね。初期投資がほとんどいらない。

①パソコン（サイズによっては、＋モニター）

**原稿を書くスピードは、パソコンの画面サイズにゆるやかに比例**します。ですから私は普段、外で書くときはノートパソコンですが、家に帰ったら20インチのモニターにつないで書いています。

②プリンター＆スキャナー

**ライターの仕事のひとつに、ゲラチェック（印刷前の原稿に赤字を入れて戻すこと）があるのですが、この際、プリントとスキャンが必要**になります。

ちなみに私は、家のプリンターとは別に、持ち運べるタイプのスキャナーを持っていて（デスクライトと兼用のタイプです）、地方出張や海外出張、ワーケーション、実家に帰るときなどは、必ずこれを持っていきます。

③レコーダー

**取材をするようになったら、レコーダーは必須**です。私は録り漏れを防ぐために、レコーダーに加え、ケータイの音声アプリでもバックアップをとります。

④名刺

注意したいのは住所です。ライターの場合、住所＝自宅になる人もいると思いますが、こんなご時世ですから、**自宅住所の扱いには慎重になったほうが良い**と思います。私は名刺に住所は入れていません。

⑤仕事の実績や連絡先がまとまっているページ

**自分の連絡先や、これまで書いた記事、仕事をまとめたページが、ウェブ上に1ページあるといい**でしょう。noteのプロフィールページのようなものだけでも十分だと思います。

⑥メールアドレス

昔はフリーメール（GmailやYahoo!メール）じゃない方が良いなどと言われていましたが、いまは、そこを気にする人はほぼいないです。私も、Gmail。

⑦ノートパッド

取材のときに使うノートは、切り取れるタイプのノートパッドを使っています。リーガルパッドとも呼ばれます。台紙があって、立ったまま取材するのにも使えるのがいいところ。**ぴりっと破って、企画ごとにまとめて**おきます。

仕事が回るようになってきたら、10本、20本の企画が並行して進むので、取材が終わったら、そのページを破いてホチキスで留め、企画ごとにA4サイズの封筒に入れていきます。構成案や取材資料もその封筒に全部入れておき、その**封筒1つだけ持ち歩けば、原稿を書ける**ようにしています。

万が一、自分が倒れたときも、その封筒だけお渡しすれば、なんとか引き継ぎできるのもいいところです。過去に一度だけありました（切迫早産で入院したとき）。

余談ですが、「インタビュー中、パソコンでメモをとっていいか問題」という、長年ライターの間で議論されている話題があります。一概には言えないのですが、私は、パソコンでメモはとりません。

というのも、とくに年配の方のなかには、「パソコンでメモ＝無礼だ」と考える方が一定数いらっしゃるからです。パソコンでメモをとっていたライターに激怒して、取材が中断されたという話を、これまでに何度も聞いて震えました。

もうひとつの理由は、パソコンでメモをとっていると、相手の目の動きや呼吸の変化などを逃すことが多いからです。テープ起こしはあとからいくらでもできるのだから、**現場では現場でしか拾えない情報に集中する**ほうが得策です。

私のライター講座では、講座中にパソコンでメモすることは禁止にしています。レコーダーも回せず、**手書きのメモしか頼りにできない現場は結構あります**（野外の取材など）。普段からメモだけで振り返りができる訓練をしておくほうが良いと思うからです。

## クレジットは増えていく「財産」——筆名

ライターになる前に決めなくてはいけないのが、クレジットの表記（筆名）をどうするか問題です。

本名にするにしても、ペンネームを使うにしても、**クレジットは財産**です。クレジットを見た人から仕事を依頼されたり、クレジットが検索されて次の仕事につながったりすることが多いので、**一度、このクレジットでいくと決めたら、むやみに変えるものではありません**。ですから、スタートする前に慎重に考えるべきです。

### 本名のメリット

・**税金関係や郵便関係、確定申告などが一元管理できること**（ただ、ペンネームだと、そこがものすごく面倒かというとそれほどでもない）。

・海外の仕事は、パスポート名と筆名が同じだと取材申請が比較的楽だと感じます。

・論文を書くとき。大学で教えていた時は「論文を出すなら本名推奨」と言われました（ただし、ペンネームで出せないこともないみたい）。

### ペンネームのメリット

・**プライバシーが守られやすいこと**。とくに家族のことを書いたり、身近なことを書くタイプの書き手は、ペンネームのほうが安心感があるでしょう。

・オンリーワンの（に近い）名前が選べること。同姓同名の書き手と混同されるのを防げるし、検索されたときにもたどり着きやすくなります。

・逆に、なるべく目立たずに活動したいなら、私の名前のように、世の中に何千人もいそうな名前を選ぶこともできます。

・致命的なトラブルが起こったときに、「名前を捨てられる」こと（そんなことは、起きないにこしたことはないのですが）。

## 本名とペンネームのいいとこどりをしている人もいます

本名と同じ読み方なのだけれど、違う漢字を当てる人もいます。たとえば、「立花香」さんという人が、「橘佳織」さんというペンネームをつけるといったような感じです。この場合は、身バレはしにくくなり、仕事場で名前を呼ばれるときにも違和感がないというメリットがあるでしょう。

最初の話に戻りますが、本名を選ぶにしても、ペンネームを選ぶにしても、そのクレジットは財産だということ。長く付き合うつもりでしっかりと考えてね。と、名前について妙に力が入ってしまっているのは、私、クレジットに関して手痛い思いをしているからなんですよね……。

## 痛い話を聞いてくれ

この話、めちゃくちゃどんくさい話なのですが、今後、物書きになる方の参考になればと思って、恥を晒します。私の筆名大失敗話です。

## 本名：増田友美（旧姓・安藤）　筆名：増田ゆみ　時代

私が結婚したのは、24歳のときでした。結婚と同時にテレビ制作会社を退職してフリーランスになり、以前からやりたかったライターを目指すことにしました。

当時の私は若かった。結婚に浮かれポンチで、「あなた色に染まりたい」とか思っていたので、本名も筆名もあまりよく考えず夫の名字にしました。

さらに、最初に会った編集さんに「友美《ゆみ》という漢字は読みにくいから、ペンネームはゆみか、ユミにしたら？」と言われて、これまた深く考えずに、増田（夫の姓）＋ゆみ（本名の読み方）という筆名で仕事をスタートしました。

ライターとしてのキャリアもついてきたころ、うっかり離婚することになりました。結婚生活7年目、ライター生活も7年目でした。7年かけて育てた筆名を変えることは、考えられませんでした。ここで私は、離婚した後も両親の戸籍には戻らず、元夫の姓で一人戸籍を取得することにしました。

## 本名：佐藤友美　筆名：増田ゆみ　時代

その後、再婚しました。当時の私も浮かれポンチだったので、戸籍上は、夫の名字

「佐藤」を選択して結婚しました。2人目の夫はそもそも増田姓時代に出会った人だったので、筆名が元夫の名字であることは気にしないと言ってくれました。

ところが、その数年後、息子が生まれて物心がつき、「どうしてパパは佐藤さんで、ママは増田さんなの？」と言うようになりました。「ママの前の名字だよ」と言ったら、「じゃあ、どうしてじいじやばあばと名字が違うの？」とつっこまれ、あわわわとなりました。これは、この子の記憶が曖昧なうちに、筆名を変えようと思いました。ちょうど雑誌から書籍の仕事に軸足を移すことを決めたタイミングでした。書籍ライターになるなら心機一転、「佐藤友美」くらい黒子感のある（よくある）名前がいいかも～なんてカジュアルなノリもありました。そこで、38歳の誕生日を機に、すっきりと全部を本名に統一することにしました。

そして、この数年後、私はこの決断を死ぬほど後悔することになります。

**本名：佐藤友美　筆名：佐藤友美　時代**

筆名の名字を「増田」から「佐藤」に。名前も「ゆみ」から本来の「友美」に戻したため、もはや、すっかり別人です。当時、講演やセミナーの仕事も多かったのですが、「佐藤友美」では集客ができない。ポスターには「佐藤友美（増田ゆみ）」と併記させてくださいと言われることが多かったです。

このとき、**クレジットを変えることは、これまで積み重ねてきたキャリアがゼロになることに限りなく近い**ことを知りましたが、あとの祭りです。

さらにこの時期、「増田ゆみ」時代に書いた書籍の続編が出ることになったのですが、著者名が「佐藤友美」に変更になったことで、続編なのに同じ著者の本と思われないことにも、打ちのめされました。

でもまあ、ここまでなら、まだ良かったんです。はい、もう、オチはついてるんですけれど。まさかさ、佐藤さんとも離婚することになるとは、ね。

いまさら増田に戻ってもややこしいだけなので、離婚と同時に、またしても私は佐藤の一人戸籍を取得することとなりました。そして、息子をその佐藤の戸籍に入籍させる手続きをとりました。

38歳からこのかた、佐藤友美の名前で仕事をするようになって、同姓同名の方と7回名刺交換しました。先日は、ある出版社さんから「原稿料をお支払いしたいのですが、住所を教えていただけますか？」と聞かれました。「佐藤友美」という名前で6人振込先が登録されているから、どの佐藤友美さんか確認したいとのことでした。「落語の本も書かれるんですねー」とか、「スピリチュアルの分野に造詣が深いなんて知りませんでした」とか、「大河ドラマにも関わっているんですね！」などとよく言われますが、それぞれ、別の佐藤友美様です。佐藤友美、多すぎる!!!

というわけで、筆名に関しては、本当に後悔しかないです。仕事のことはしつこく考え倒すのに、なんで恋愛からむとこんなに思考停止するんだ、過去の私！

いま戻れるなら、24歳の時点で旧姓のまま仕事をしていたと思います。もしくは、38歳の時点で、旧姓に戻したと思います。

男性でも女性でも、本名で仕事をしていこうと思っている人で結婚を考えている人には、「たとえどんなにパートナーに惚れても、仕事の名字は死守せよ」と伝えたい（2021年現在）。

そして、夫婦別姓はよ、と思っています。

Think

# 7

# どうすればデビューできるのか？

# 仕事を得るための6つの道筋

「ライターになりたい」と思ったときに、まずは何から始めれば良いか。どんな道筋があるのか。ここではそれを考えてみましょう。

私の友人でライターになった人たちは、大きく分けて、以下のルートでライターになった人が多いです。

①書く仕事をしたいと宣言する
②知り合いの伝手《つて》をたどる
③誰かに師事する
④編集部or編集プロダクションで働く
⑤学ぶ場所（ライター講座など）にいく
⑥ライター募集に応募する

## ルート①▼書く仕事をしたいと宣言する

なにはともあれ、①「書く仕事をしたいと宣言する」です。

宣言した結果、ライターを探していた知り合いの目にとまり、「こんな仕事があるんだけど、やってみる？」と言われるケース。

意外かもしれませんが、これが一番多い。

情報は発信する人のもとに集まります。「**書く仕事がしたい**」と、**旗を立てておけば、それは、あなたの友人たちの記憶に残ります**。何か「書く仕事」が発生したときに、あなたの顔を思い浮かべてくれることもあるかもしれません。

だから、自分が書く仕事をしたいと思ったら、まずそれを周囲に宣言します。仕事が見つかったら伝えるとか、最初の原稿がアップされたら公表するとかではなく。

自分の夢を、しかもいい歳した大人になってから宣言するのは、恥ずかしいかもしれません。上手くいかなかったら、と怖くなるかもしれない。

でも、**書く仕事をするのに一番大事なのは、「書く仕事をすると決め、腹をくくること」**なのです。

「上手く書けるようになったら、仕事を探そう」と思っていたら、一生プロの書き手にはなれません。

どんなに素振りが上手くても、ピッチャーが投げたボールを打ったことがなければ、プロにはなれません。実際に動くボールを打つのは、素振りとは全然違います。書いてお金をもらう人になるためには、**とにかく、バッターボックスに立つしかない**のです。

**書く仕事をしたいと思ったら、まず、①をやってください。**②〜⑥をやるつもりの人も、①は必ずやりましょう。

## ルート②・③▼知り合いの伝手をたどる・誰かに師事する

私は、②の「知り合いの伝手をたどる」と、③の「誰かに師事する」の両方で、ライターデビューしました。

ライターになりたいと思った私は、まず雑誌社で働く大学時代の友人を訪ねました。すると、「いま、売れっ子のライターさんがアシスタントを募集しているから、その人の下でしばらく働いてみない?」と言ってくれたので、さっそくそのライターさんの元でアルバイトをしました。このライターさんが私の1人目の師匠です。

最初のアルバイトの現場は、ファッション誌の「浴衣に似合うヘアアレンジ」というページで、その日私は、時給900円で撮影のお手伝いをしました。具体的には、スタッフやモデルの飲み物を買いに行ったり、アレンジのプロセス撮影で「これが何番目のプロセス写真か」がわかるように、番号をふった用紙をカメラマンに撮影してもらったりといった雑用です。

これを2日続けたら、師匠が「ずっとバイト料で働いてもらうのもナンだから、もう書いちゃおっか？」と言ってくれ、3日目からは、「師匠の20ページの仕事の撮影をお手伝いするかわりに、2ページ分の原稿を書かせてもらってその原稿料をもらう」といった仕事になりました。

このころ、2ページ分の原稿料は4万円だったので、バイト料をもらうよりは良かったですし、「ライターなんだから、書かないと覚えないよね」と、早々に書かせてくださった師匠には、いまでも感謝しています。

この2ページの原稿に師匠が赤字を入れてくれ、「じゃあ、次は3ページ」、「次は5ページ」……と、どんどん仕事を増やしてくれました。3ヶ月たったころには「もう、私のチェックなしで、直接編集さんに納品していいよ」と言われ、半年もたたないうちに、お手伝いに行った撮影の原稿は完全に折半で書かせてくれるようになりました(この時期、師匠に「一人前」とみなしてもらうために、何に気をつけていたかは、

CHAPTER 3で話します）。

師匠が、どうしてそんなに気前良く仕事をくれたのか、不思議に思う方もいるかもしれません。私も最初は不思議でした。でも、いまではよくわかります。**師匠は、もらった仕事をなるべく断らずに引き受けたかった**のだと思います。1人では受けきれない仕事も、2人で分担すれば受けることができる。そうすれば、仕事を断らずにすむし、多くの雑誌と付き合い続けることができます。これも、ライターの生存戦略のひとつです。

私もライターとして仕事が増えてからは、師匠のように、若いライターさんに声をかけてチームを組んで仕事をすることが多くなりました。

師匠に仕事をもらいながら、私は、友人の編集さんからも仕事をもらうようになりました。彼女も、1ヶ月目は1ページ、次の月は2ページ……と、少しずつ仕事を増やしてくれるようになり、半年ぐらいたって私が仕事に慣れてきたタイミングで、自分の同期の編集者さんたちにも紹介をしてくれました。

この時期は深夜のクラブ撮影から、渋谷109の全店取材、ダイエットに節約術にセックス特集……と、あらゆるページを書かせてもらいました。

私は知り合いの伝手からの、師匠との出会いというハイブリッド型でしたが、このどちらか一方でライターデビューしている友人も多いです。

## ルート④▼編集部or編集プロダクションで働く

ライターになる前に、④「編集部or編集プロダクションで働く」人も多いです。

編集プロダクションとは、**出版社からの依頼を受けて、書籍や雑誌、ウェブのページなどを取材編集するチーム**です。

仕事の内容は、ほぼ出版社と同様で、プロダクションによって、料理に強いプロダクション、車やバイクに強いプロダクション、ビジネス書に強いプロダクション、健康書に強いプロダクションなど、いろいろあります。

こういう情報も、普通に生活しているとなかなか聞こえてこないかもしれませんが、①で「書く仕事をしたい！」と宣言したら、「実は知り合いの編プロで人を募集していて」などと、耳に入ってきたりします。

編集プロダクションでは（最近では、編集部でもそうですが）、**外部ライターを使わずに、自分たちで原稿を書くことも多々**あります。ですから、こういう場で実践経験をつむと、即戦力のライターになれます。

のちのち独立してライターとして仕事をするにしても**「編集者目線」を持っている人はとても重宝されます。**たとえ編集作業はしないアルバイトだとしても、出版社や媒体の「中の事情」を知っていることは、ライターになってからも役立つと思います。

現在、専門領域を持って活躍しているライターの友人たちは、編集部出身or編プロ出身が、多いと感じます。

## ルート⑤▼学ぶ場所にいく

これは、私自身も経験して感じることですが、評判のいいライター講座は受けて損はありません。

私自身はライターになって9年目、16年目、18年目に書くことに関する講座に通いました。いま**私が未経験からライターになろうと思ったら、最初に講座を受ける**だろうと思います。

こういう講座の一番良いところは、**同じ志を持った仲間と出会える**こと。

講座には「これからライターを目指す」人から「ある程度ライター経験はあるけれど、この先、もっと仕事を増やしたい」人まで、いろんなキャリアの人がいます。

こういう人たちと一緒に学びながら情報交換すると、「書くことで、どう稼いでいくのか」への解像度がぐっと高くなります。実際にライターとして生計を立てている人を身近で見られると、具体的な生活イメージが湧くので、そこもおすすめ。

同期同士や、上の期、下の期で仕事を融通しあったりすることもよくあります。そもそも、**ライターに仕事を発注する側の人が講座を受けていることも**結構あって、そのご縁で仕事につながることもよくあります。

ライターとしての勉強にもなるし、同期のつながりもできるし、講座によっては講師の先生が仕事を紹介してくださったり、編集者との伝手をつくってくださることもあるので、おすすめです。(私の講座に来てくれてもいいんだよ!)

## ルート⑥▼ライター募集に応募する

意外と知られていませんが、**公にライターを募集している編集部も結構あります。**気になるメディアがあるなら、そのサイトや公式Twitterを頻繁にチェックしてみるといいと思います。みなさんが思っている以上に、ライターはいつも募集されています。

新しいメディアが立ち上がるときも、ライターを募集することがあります。私の講座の講座生も、同期同士で声をかけあって、そのような新メディアのライター募集に応募したという話を聞きました。何人かは採用され、いまは、そこでレギュラーの書き手になったりしているようです。

メディアの人と会うときは、**書きたい分野や得意分野があれば、それを伝えたほうがいい**と思います。そのメディアのなかでも、ファッション系の話を書きたいとか、お金やインテリアまわりの原稿を書きたいとか。

新人のときは、えてして「何でもやります」と言ってしまいがちなのですが、私が編集者の立場で思うのは「**何でもやります」と言ったライターのことは、あまり思い出せないんですよね**。

それよりは、「整理収納アドバイザーの資格を持っていて、インテリア関係のライティングをやってみたいです」などと「やりたいジャンル」を伝えてくれた人は、「あ、あのライターさん」と思い出すものです。**自分が興味のあるジャンルを伝えた上で、「いただいた仕事はなんでも頑張ります」**と伝えるのがいいと思います。

Think

# 8

# 強みはどうつくる？
# どう売り込む？

## 営業は？　するに決まってる

121ページの①〜⑥を駆使したとしても、最初からすぐに仕事でパンパンとはならないと思います。そういうとき、営業や売り込みはしたほうが良いでしょうか。

ライターの先輩がたの話を聞くと、「営業はしないほうがいい」派も結構いらっしゃいます。営業をすると、どうしても「仕事をください」の立ち位置になるので、軽く扱われたり、割の悪い仕事をさせられたりすることが多いからだと言います。

これはたしかにその通りだと思います。私も、営業しないで済むなら、それが一番良いと思います。

どんな業界でも、仕事は忙しい人のところに集まるから、「営業をしなくてはならないくらい、この人は仕事がないんだな」と思われるのは得策ではありません。

でもね。まだほとんど書く仕事をしたことがないのに、営業もしなかったら、誰があなたに仕事を発注してくれるのでしょうか。この時期は、**やはり自分から動かないと、仕事はなかなかやってきません。**

私は、営業や売り込みをするのは悪いと思いません。というか、新人時代だけじゃなくて、21年たったいまでも、私はしょっちゅう売り込みをしています。

## 「自分」ではなく「企画」を売り込む

営業や売り込みには、ポイントがひとつあります。

それは、「**自分を売り込むのではなく、企画を売り込む**」こと。

**編集者には、企画出しのノルマがあります。**雑誌であれウェブであれ書籍であれ、編集者は、いつも企画になりそうなネタを探しています。

媒体にもよりますが、雑誌やウェブの編集部であれば、月間20本から30本も企画を出さなくてはいけなくて、それを誰かがやってくれることはとてもありがたいこと。ですから、自分を売り込むのではなく、企画を売り込むと喜ばれます。

とくにウェブメディアでは、四六時中企画を探しているので、「そういうネタがあるなら書いてほしい」と言われるケースも、よくあります。

最近では、いろんな編集部の編集者が集まり、ライターが企画をプレゼンピッチするのを聞いて仕事を依頼する、**ミートアップのような会も催されている**ようです。

私の知り合いのライターさんたちも、そこでプレゼンをして企画を通し、続々と媒体デビューを果たしています。一回限りではなく、その後もその媒体から仕事を依頼されるようになった話も聞きます（企画の作り方は212ページから話します）。

こういった情報も、私はライター講座の講師の先生から聞きました。こういう情報を教えてもらえるのも、講座に通って良かったことのひとつです。

ところで、企画を持ち込む際、私が編集者ならどういうライターと仕事をしたいかを考えてみました。

**未経験の人ならば、とりあえず書いたものがあるとありがたい**です。発表媒体はどこでもいい。

「誰かに取材をしたことがあって、書いたことがある」という実績さえあれば、公の媒体でなくてもいいでしょう。noteやブログでもいいと思います。

先ほど紹介したようなライター講座などを受けているとしたら、「講座の課題でこういうものを書きました」でも十分です。私の講座生のなかには、講座の課題原稿がそのまま編集部に採用され、それがライターデビュー作になった人もいます。

## 伝手がないと嘆く前に

「私には、何の伝手もありません。どうやって売り込みにいけばいいですか？」という質問を過去に何度か受けたことがあります。どれも、宣伝会議の編集・ライター養成講座での質問でした。でもね、その講座に通っている時点で、もう伝手はあるはずなんです。ちょっと考えてみましょう。

もし私がそういった講座に生徒として通ったとしたら……と想像してみました。私だったら、おそらく最も大事にするのは、同期とのつながりです。

同じ講師に何度も受け持ってもらう講座は別ですが、一度講座に登壇しただけの講師とどれだけ名刺交換しても、メールでお礼を送ったとしても、相手の記憶には残らないでしょう。（名刺交換やお礼メールをするのが無駄だとは言いません）

でも、同期とは何度も一緒に授業を受けます。私であれば、その同期のみんなを知り、同期に自分を知ってもらえるような働きかけをすると思います。

たとえば、

・講義中にいつも質問をして同期に名前を覚えてもらったり
・同期会の幹事を引き受けたり
・課題原稿をお互い読み合うのであれば、真っ先に感想を送るなど

同期に「知って」もらい、その同期の仲間に「信頼される」ようになれば、その同期といつか仕事をすることもあるかもしれませんし、その同期を通じて誰かと出会えることもあるでしょう。

私が初めてノンフィクションの書籍を書いたときの編集者さんは、遡ること10年以上前に、同じライター講座に通っていた同期でした。私が初めて10万部を超える書籍のライティングをさせてもらったときも、編集者さんを紹介してくれたのは、別のライター講座の同期でした。

これ以外にも、「一緒に学んでいた人たち」から仕事を紹介してもらうことは、たくさんありました。そして、それと同じくらい、私も仲間に仕事を相談して紹介してきました。

**「いま、すでに知っている人たち」と、誠実に関わっていけば、自然と伝手は生まれる**と、私は思います（仕事と人脈の関係については263ページから再び考察します）。

## 仕事につながる強みを用意する

ライターになってすぐのころ、何を理由に選ばれるライターになればよいか、ずいぶん考えました。とはいっても、何のキャリアもないのに、強みなんてあるわけないから、最初は無理やり強みをつくることにしました。

新人でもできることは何だろう……。そう思って考えたのが、

---

①安い
②速い
③（まあまあ）良い原稿
④全部やってくれる

---

かなと思ったわけです。ピンときた方もいるかもしれませんが、まあ、吉野家の牛丼をイメージしましたよね。

このうち「①安い」と「②速い」はセットです。つまり、安く引き受けるということは速くなくては稼げないし、速く書けば安くても稼げる。

①安いに関しては、とくに努力しなくてもいい。でも、**②速いには工夫がいる**かと思い、ここを実現するために命を懸けました（大げさ）。

速く書くために、どうすればいいだろうと考えた私は、ファッション誌を「見る」のではなく「読ん」でみました。何を知っていれば、速く書けるのだろう？

そこでわかったのが、雑誌の原稿には独特のリズムがあるということ。一文が短く、体言止めが多い。このリズムをつかむために、売れっ子ライターの原稿をまるっと書き写しました。雑誌に掲載されているライターさんが全員上手いライターとは限らないので、編集者に「この雑誌で、とくに原稿が上手いライターさんは誰ですか？」と聞いた上で、書き写しし、そのリズムを体にたたきこみました。

次に、雑誌によく出てくる言い回しのカンペを作りました。

たとえば、「カッコいい感じ」を示す表現を、いろんな雑誌から取り出してA４の用紙に書き出す。「セクシーな感じ」を示す表現を、いろんな雑誌から取り出して別のA４の用紙に書き出す。**自己流の類語辞典**のようなものです。当時このカンペは手書きで、部屋の壁一面にびっしり貼ってあり、それを見ながら執筆していました。

その次に気づいたのは「そうか。『速い』って執筆速度だけの問題じゃないな」ということです。赤字がいっぱい戻ってきたら、書き直しに時間がかかるから、結局「遅く」なります。**なるべく出戻りを少なく書くのが効率良さそう**だと思った私は、出戻りを減らす方法を考えました。

たとえば、編集者とゴールを共有することで、原稿の出戻りはかなり減るだろうと考えました。インタビュー取材に行ったら、その帰り道に「どの部分を使って、どこを落とすか」を軽くすり合わせる。駅までの5分、この話をするだけで、とんちんかんな原稿を書くことを防げます。

③の「（まあまあ）良い原稿」に関しては、186ページから詳しく書きます。

**④の全部やってくれるに関しては、たとえば、打ち合わせ。**ヘアページの仕事をしていたときは、美容院との打ち合わせは全部自分が行きました。企画にもよりますが、毎月8軒、10軒といった美容院の打ち合わせに行くのは、編集者にとってもとても大変です。それを「私がやります」と言うと、喜んでもらえます。

ところで私、こういう思考回路なので、いわゆる「都合のいい女」になりやすいんですよね。でも、仕事ではむしろ、それでいいんじゃないかと思っていました。ただ、最初は「そういうライターがいたら、編集者にとって都合がいいだろうな」と思って始めたことでしたが、結果的には自分のキャリアアップに直結しました。

たとえば、美容院に何度も顔を出すと、「このライターは、このジャンルで真剣にプロを目指しているらしい」と思われ、美容師さんから「別の雑誌でもライターを探しているから、紹介するよ？」などと声をかけてもらえるようになりました。

また、編集者の仕事をどんどん肩代わりしていくと、当然ながら編集作業も覚えます。その後、一人編集プロダクションのような仕事ができるようになったのも、このときの経験が生きています。

こうして、**ゼロだった強みを強制的に作成し、ライターとして滑り出した**わけです。

## 自分の強みの見つけ方——弱点こそ武器

長所と短所はコインの表と裏であることが多いけれど、強みと弱みも同じだと感じます。というかむしろ、「**どうしてもできないこと＝弱み**」**のほうに、その人の強い個性が出やすい**。ライターのような個人事業主の場合、そういったどうしようもない弱みが結果的に強みになりやすいと感じます。

これは友人から聞いた話ですが、あるライターさんは「人が起きている時間帯にまともに起きていられない」という、致命的な弱みがあったそうです。ですが、その弱みを生かして「深夜のトラブル対応ライター」として、ものすごく重宝されているのだとか。これは、弱みが唯一無二の強みになったケースですよね。

私の場合だと、「せっかちで、飽きっぽい」という弱みが、「書くのが速くて、次々と違う仕事に手を出す」という強みに変わっています。「おせっかいなお見合いおばさんタイプかつ、人がやっていることが気になって仕方ない風紀委員体質」という弱みが、「出会った人との付き合いが長く深くなりやすい」という強みになっています。

そうそう。後者のほうでいうと私、ヘアページを担当するようになってすぐに「このページを読んで美容院に行ってくれる読者が、美容院でどんなふうに扱われているのか、気になって仕方がない」と思ったんですよね。

カリスマ美容師ブームと言われた当時のヘアページは、ヘアスタイル写真1枚で、100人、200人とお客が押し寄せる時代でした。実際には、その写真撮影に協力してくれたカリスマの予約は取れず、読者は若い美容師さんに振り分けられることがほとんどだったのです。

で、そのことを知った私は、「じゃあ、その若い美容師さんたちにも、打ち合わせに出てほしい。私たちの雑誌の読者のことを、ちゃんと知った上で接客してほしい」と思ったわけです。

そこで、営業後の時間に、お付き合いのある美容院を一軒一軒回りました。雑誌ごとの読者の特徴や、どんなヘアスタイルが好きか、どんな接客をされたいかといったことを、レクチャーして回ったのです。

いま考えると、おせっかい極まりないんですけれど、そのときは「うちの読者、マジでよろしくお願いします」という気持ちが満々すぎました。

その、押しかけレクチャーが美容メーカーの人たちの間で話題になって、そのレクチャーを全国の美容師さん相手にやってほしいと言われることが増え、気づけば年間50回以上、全国各地で講演をする人になっていました。

それまで私のおせっかいや風紀委員体質は、「マジ、うぜー」と言われて終わりだったのですが、ここでのおせっかいは、なんだかすごく喜ばれて、しかもお金までもらうようになりました。やっぱり、弱みも、捨てたものじゃないと思います。

## 「1文字○円」案件についての考え方

最後に、ライター募集サイトのようなところで、1文字いくらのような仕事を、すべきかどうか問題。これも講座でよく聞かれる質問です。

・その仕事にまっとうな対価が支払われていて
・ちゃんと編集者のチェック機能があり
・今後の実績になりそう

であれば、良いのではないかと思います。

ただ、こういった仕事は、**プロの書き手が書いている原稿料の相場の5分の1から10分の1くらいのケースも多い**と聞きます。空いている時間で筋トレしようというくらいでお付き合いするのであればいいのですが、それがメインの仕事になってしまうと、いつまでたっても生活できるようになりません。

10倍の時間をかけて営業して、10倍の原稿料をもらう道を考えましょう。

CHAPTER

3

# 書く仕事に必要な技術

昨年亡くなった父は、北海道で小学校の教員をしていました。

父は、ソフトテニスのジュニアの指導者として全国的に有名な人で、これまでに北海道のチームや選手を全国優勝に導いた回数は16回。

一年の約半分、雪で外練習できない北海道で、短い練習時間で全国優勝に導く指導法は、かなり独特でした。


入部してすぐ、まだボールがまっすぐ飛ぶかどうかの時期に、私たちはまず、試合を見てその統計をとるように言われます。プレイヤーがどんなボールを打ったか、どんなボールをミスしたか、どういう理由で点数が入ったかのデータをとるのです。

その後、そのデータを見ながら、

「このコースにくるボールが一番多いから、これを優先的に練習しよう」

「このコースは、10試合に1回くらいしかこないから、練習しなくていい」

といったことを決めるのです。


練習メニューそのものも変わっていました。

スポーツの技術は「練習し↓上手くなったら試合をする」の順番で習得することが多いと思います。

しかし父の場合、ボールがまっすぐ飛ぶようになったら、すぐに試合をさせます。「ひたすら試合をし→そこでミスしたボールの練習や、効率的に得点するために必要な練習をする」の順番。

「試合に使わない技術は練習しない」

「試合をイメージしない練習は意味がない」

が、信条でした。


大会に出たときは、必ず1試合ごとに「感想戦」をさせられました。将棋や囲碁の対局のあとに、1手目からすべてを振り返って、指し直す「感想戦」がありますが、あれです。

試合が始まった1ポイント目から勝敗が決まるまでの間、すべてのボールをどこに打ったのか振り返ります（これは私だけではなく、部員全員がやっていましたが、小学生でも慣れれば全員できるようになるものでした）。

そこで、点をとられたケースを、「相手の手柄なので仕方ないケース」と「こちらのミスなので改善できるケース」に分けます。そして「こちらのミスなので改善できるケース」に関しては、改善ポイントを確認して練習する。

一事が万事、そんな具合です。


私は１００メートル走で20秒を切れるようになったのは、高校に入ってからというくらい運動音痴な上に（小中高を通して体育の成績が一番悪かった）、全国大会では参加選手のなかで二番目に身長が低かった（一番低いのは私のペアでした）。

でも、そんな身体的に恵まれていない（しかも練習時間が短い）私たちでも、戦略を考え、頭を使って効果的に練習すれば、強豪選手とわたり合えるようになる。

それを教えてくれたのが、父でした。

父の口癖は、

「負けにくいテニスをしなさい」

でした。

派手にスマッシュを決めるのも1ポイント。レシーブをミスするのも1ポイント。だったら、地味でもいいから、ミスが少ないテニスをしなさい。

ここまで読んでくださった方々は、お察しくださると思いますが、私の職業に対する向き合い方は、父から学んでいます。

・何事もデータをとって、まず「何を練習するか」「何を捨てるか」を決める。
・最小の時間で最大の効果が得られることから手をつける。

・条件に左右されない「原理原則」が何かを探る。
・実践で調整をくり返す。
・自分一人で考えず、仕事相手の意見を聞く。
・秀でていなくても良いから、平均点をとる（負けにくい）仕事をする。

この章では、生まれつきの能力に恵まれていなくても、「負けにくいライター」になる技術について、考え、実践してきたことをシェアします。

### CHAPTER 3 で考えたいこと

*Think 9*　仕事を受けたら、まずやるべきことは？
*Think 10*　取材準備はどうすればいい？
*Think 11*　インタビューでは何をどう聞く？
*Think 12*　平均点をとれる原稿を書くためには？
*Think 13*　原稿をどう見直す？　炎上を防ぐには？
*Think 14*　企画はどのように立てるのか？

Think

# 9

# 仕事を受けたら、まずやるべきことは？

## 読者を知る。すなわち「相場感」を持つ

ここからは、仕事の依頼を受けたらやるべきことについて考えてみましょう。

**せっかくなので、みなさんも考えてみませんか。**1分でいいです。あなたが、新しい編集部から新しい仕事をもらったら、まず何をしますか。

どうでしょう。すぐに5個、10個、思いつきましたか？ と、**「考える訓練」をしておくと**、書き手として、長く生き残りやすくなります。そして、今から私が書くことも、「正解」ではありませんから、「自分だったら、もっとこうやる」とツッコミながら読んでください。

私だったら、以下のことに時間を費やすかなと思います。

---

① 読者を知ること
② 編集者を知ること
③ 取材対象を知ること

---

このうち、①の**「読者を知ること」**は、**つまり媒体の「相場感」**を知ることと言い換えられます。②は、**チームビルディング**になります。③は、いわゆる**取材の事前準備**にあたるでしょう。

1つずつ、解説していきます。

書き手として長く生き残っていくためには、「相場感」を持つことが大事です。でもこの「相場感」って、わかるようでわからない日本語ですよね。「相場感を知っている」とは、いったいどんな状態を指すのでしょうか。

私の講座にゲスト出演してくださったある媒体の編集長の言葉がわかりやすかったので、その言葉を借りて説明します。

その編集長は

「たとえば、ユニクロを紹介するときに、リーズナブルと書いていいかどうか」

これが、相場感だと言っていました。

彼女が以前担当していたファッション誌Aでは、ユニクロは確実にリーズナブルブランドで、「安くてもいいものを作る」という文脈で紹介するブランドだった。けれども、現在担当しているママ向けのウェブメディアBでは、ユニクロはデイリー使いするブランドではあるけれど、決してリーズナブル（＝安いと感じる）ブランドではない。このメディアで安いと書いて良いのは、GUやしまむら、ワークマンなどだというお話でした。

つまり、同じ商品を紹介するのでも、読者が「高嶺の花」だと思っているのか、「少し背伸び」なのか、「ちょうどいいくらい」なのか、「安い」と感じるのか。その、**読者の感覚を持って書けることを、相場感があると**言います。

この件は、たまたま、値段の話をしていますが、相場感とは金銭感覚の話だけではありません。

たとえば先日私は、あるビジネス系のウェブ媒体で、星野源さんのキャリアについて原稿を書きました。この原稿をアップする直前まで編集長とすり合わせしていたのは、星野さんについての、どの情報がメジャーで、どの情報がマイナーかの相場感でした（ちなみにご結婚前です）。

おそらく、ドラマ『逃げ恥（『逃げるは恥だが役に立つ』）』の印象が一番メジャーなのではないか。次に知られているのは、紅白にも出演する歌手としての顔？ 16歳から「大人計画」に所属していることは？ SAKEROCKの人だったことは？ ……などなど。

何が読者に一番知られていて、何が一番知られていない情報か。この相場感によって、「みなさんご存じかと思いますが、彼のキャリアは〜」と書くのか、「意外かもしれませんが、彼のキャリアは〜」と書くのかが変わります。

**書いた文章が上手いかどうかよりも先に、そもそも、その媒体の相場感に合っているかどうかをチェックされる。**それが、媒体で原稿を書くという仕事です。

## 相場感は訓練で養える

では、新しい仕事を受けたとき、その媒体の読者の相場感をどのように身につけるのか。ここでは、ファッション誌を例にとって、私自身がこれまで実践してきて、私の講座でも講座生にやってもらうワークを紹介します。

①　自分が担当する雑誌Aを用意します
②　その雑誌を20分間読みながら、気づいたことを
　＊　ファッションの雰囲気／特徴
　＊　ヘアメイクの雰囲気／特徴
　＊　読み物ページ（ファッション・美容以外のページ）の特徴
　＊　よく出てくるキーワード
　＊　どんなタイプの読者が読んでいそうか
　の軸で、表にできるだけ多く箇条書きします
③　自分が担当する雑誌Aと同ジャンルの、読者属性が近い（例・未婚女性／就学前の子どもを持つママなど）雑誌Bを用意します
④　同じく20分間読んで、気づいたことをできるだけ多く箇条書きします
⑤　AとBの差異について、気づいたことをできるだけ多く箇条書きします
⑥　⑤をふまえ、書くときに意識すると良さそうなことを考え、箇条書きします

似たような読者対象の雑誌を比較し、その差異を洗い出すことで鮮明に見えてくるのが相場感です。

## 相場感を養うワーク（ファッション誌の場合）

| 雑誌名 | 雑誌A | 雑誌B |
| --- | --- | --- |
| ファッションの雰囲気・特徴 | | |
| ヘアメイクの雰囲気・特徴 | | |
| 読み物ページの特徴 | | |
| よく出てくるキーワード | | |
| どんなタイプの読者が読んでいそうか | | |
| 書くときに意識すると良さそうなこと | | |

↑ 比較する ↑

このワークをやると、多くの人が、「これまで、雑誌をここまで真剣に『読んだ』ことはありませんでした」と言います。そして、一度でもこれをやると、その先どんな雑誌でも読者の**「相場感」を考えながら見るクセ**がつきます。

いまはファッション誌で比較しましたが、これがビジネス系の媒体でも、レストラン紹介メディアでも、スポーツ雑誌でも同様です。

ビジネス系の雑誌の仕事だとしたら、最新号ではなく、同じ特集（たとえばAI特集や、ビジネス文書特集など）が組まれている号を比較するといいかもしれません。同じような内容を、どのレベル感で紹介しているか、どこまで丁寧に解説しているかなどで、相場感が測れます。

ウェブメディアでも、似たような記事をいくつか比較することで、その媒体の特徴が浮き彫りになっていきます。

## 表記ひとつに思想はにじむもの ——トーン&マナー

ある言葉を漢字で書くことを「閉じる」、ひらがなで書くことを「開く」と言います。

この**漢字の閉じ開きひとつとっても、その媒体の思想がにじみます。**

毎度ヘアスタイルでのたとえで恐縮ですが、たとえば、「艶髪」と書くのか、「つや髪」や「ツヤ髪」と書くのか。「可愛い」「かわいい」「カワイイ」、「お洒落」「おしゃれ」「オシャレ」なんてところにも、雑誌の特徴が出ます。感嘆詞やマークも同じ。許されるのは「！」と「？」だけという雑誌もあれば「♥」や「★」が飛び散る雑誌もありますし、絵文字が入る雑誌もあります。

こういったことは、自分が原稿を書く立場にならなければ全然意識しないことですが、**このような差異が、そのメディアのトンマナ（トーン&マナー＝表現の一貫性を保つためのルール）を決めています。**

自分が原稿を書くときには、このルールにのっとって書くことになります。書く段になって編集者からレクチャーを受けてもいいのですが（媒体によってはトンマナのルール表や、漢字の閉じ開き表が用意されていることもあります）、事前に意識しながら読んでおいて損はありません。

## 編集者を知る。同じ気持ちになる

ところで、私がこのような準備をするのは、「原稿を書くなら相場感が大事だ」と思ったからではありません。

そうではなく、**「自分が編集者だったら、どんなライターと仕事をしたいか」**と考えて、いろいろ試行錯誤をした結果、「編集者とズレのない相場感を持つことが大事だ」と気づいたという順番です。

もし、自分が編集者だったら、自分が作っている雑誌に興味を持ってくれるライターのほうが、そうじゃないライターより嬉しいに決まっています。

ライターはいろんな媒体を掛け持ちしますが、編集者にとっては、自分が作っている雑誌がすべてです。当然、自分の雑誌はすみずみ全部読んでいるでしょうし、ライバル誌にも目を通しているでしょう。

自分の雑誌の専属モデルがテレビドラマに出ていたら絶対にチェックしているだろうし、自分の雑誌がどこかのブランドとコラボしてリリースを出していたら、その記事は100パーセント読んでいるはず。

だとしたら、その編集者が当たり前にやっていることまでは、やっておいたほうがいい。もちろん、事前準備に使える時間の限度はありますが、新人のころはそこまで忙しくないはずだから、チェックできることは多いはず。

私はライターになって3年目までは、新しい仕事をもらったら、必ず過去1年分のその雑誌と、ライバル誌のバックナンバーを図書館で読むようにしていました。

自分が書くジャンルでよく使われる表現や言い回しの書き出しもしました。当時は「漢字の閉じ開き表」を作っていない編集部も多かったので、雑誌ごとに自分で一覧表を作っていました。

こういった作業を3年目までしかやらなかったのは、どんどん仕事が忙しくなってきて、事前準備にそこまでの時間が確保できなくなってきたからです。でも、新規の仕事が入ったら、少なくともその雑誌とライバル誌の最新号をすみからすみまで読むことだけは続けました。

**地道な準備は、一見遠回りのようで、実は「(編集者さんにとって) いいライター」への近道**です。「あの人、うちのこと、わかってくれているよね」と思ってもらえれば、その信頼貯金で仕事がリピートしていくようになります。

さらには、**こういう準備をして仕事に臨むと、編集者さんと同じ視座で企画を考え**

**られるようになる**ので、仕事がもっと楽しくなります。

先ほど話した、①読者を知ること、②編集者を知ること、③取材対象を知ることのうち、③取材対象を知ることについては、次の項目でお話しします。

*Think*

# 10

# 取材準備はどうすればいい？

## インタビューとは素材の調達——仕事は「聞く」が9割

ライターの仕事は、「聞く」が9割です。

前に、ライターの仕事は翻訳家に似ている、つまり「日本語を日本語に翻訳する仕事」だと話しました。

ただし、翻訳家は原文にあたる原著があって、それを元に翻訳をしています。では、私たちライターにとって原文は何かというと、それがインタビューです。インタビューで引き出せた言葉が、大事な原文になるのです。ですから、**ライターの仕事の9割は書くことではなく、聞くこと。つまり、原文を調達すること**です。

書いた後の**原稿の修正は、いくらでもできます**。ライターがどんなにひどい原稿を書いたとしても、編集者が修正することもできます。

でも、**インタビューの失敗は、取り返しがつかない**。とくにウェブの原稿や雑誌の取材は、1回30分から1時間くらいです。その時間内で相手から引き出せた言葉が翻訳すべき「原文」になるので、その時間は真剣勝負、シビアな時間です。

漁に出たのに魚が獲れなかったら、料理が出せません。まずは、それを肝に銘じます。

## 本当にできている人はとても少ない――事前準備

次に考えるべきは、事前準備。150ページで話した「③取材対象を知ること」です。

突然ですが、みなさんは自分が取材をされるとしたら、どんなライターに取材されたいでしょうか。私だったら、自分のことをある程度調べてきてくれると嬉しくて、ついぺらぺらしゃべっちゃうなと思います。

「取材相手のことを事前に調べるのは当たり前」と思うかもしれませんが、いやいや、これがどうして。私はこれまで200回近く、ライターさんから自著に関しての取材を受けましたが、「書籍についての取材」なのにもかかわらず、書籍を読んでいないライターさんが、少なくとも3分の1はいました。

こういうのって、**気づかれないように上手くやっているつもりかもしれませんが、もろバレしている**ものなんですよね。だからといって腹を立てることはないですが、やっぱり人間ですから、ちょっとがっかりしますよ。

こういうのは、人のふり見て我がふり直せじゃないけれど、私自身も「やっぱり、事前準備は適当にしちゃいかんな」と思って気を引き締めています。

逆に、自分の書籍が付箋だらけになっていて、それを取材テーブルの上に出されたときなどは、「ありがたいな。この方の取材では、なるべく本に書いていない話もしたいな」と思ったりします。

このように、事前準備をしっかりしてくれた方の取材は、それを前提にお話ができるので、より踏み込んだ話ができると感じます。つまり、**事前準備の精度によって、聞き出せる話が変わる**のです。**取材は、事前準備から始まって**います。

## クリシェを超えてからが本番

とくに、取材慣れしている人にインタビューする場合ほど、事前準備は入念にしていきます。

**取材慣れしている方のなかには、「話す前から、取材に飽き飽きしている」人も多くいます。**そういう方の取材は、取材ではなく、一方的な講演会のようになってしまうこともままあります。

こういうありふれた話しか聞けない**予定調和を「クリシェ」といいます。**

でも、せっかく取材の時間をもらっているのであれば、これまでその方が話してこなかった話を聞きたいですよね。なので、相手が「いつも話し慣れたこと」を話そうとしたら「はい！　それはもちろん存じ上げております♡」といった雰囲気を醸し出し、「お、こいつ、わかってるな」感を出します。

**ライターの仕事は、このクリシェを超えてからが本番**です。

その「わかってるな感」を醸し出すのに大事なのが、最初の5分です。「お、今回のライターは、ちゃんと勉強してきているんだな。では、少し面白い話をしてあげようか」と思われるかどうかは、**最初の5分が勝負**です。そのためにも事前準備が大事なのです。

そのときどきによって言い方は変えますが、私は「**○○さんについて書かれているものは、なるべく読み込んできました**。ですので、その前提でお話しいただいて大丈夫です（にっこり）」とお伝えすることが多いです。

ある先輩のライターさんは、**プリントアウトした資料をドン**とテーブルの上においてしっかり下準備しました感を出すと言っていました。

友人のライターさんは、毎月著名人のインタビューをしているのですが、スケッチブックに、その方の年表をマジックで書いていくんですって。それを、取材テーブルの上に広げながら「この時期は～」と、質問をするらしいです。この下準備をするようになってから、有名な俳優さんも、著名な経営者も、感激して、自分から貴重な話をしてくれることが多いのだとか。

私もさっそく某社長インタビューで真似してみましたが、あとから広報の方に、「ここまで調べてきてくれたライターさんは初めてでした。私も長年広報をやっていますが、社長から初めて聞く話もありました」とご連絡をいただきました。

やり方はいろいろあると思いますが、要は「**私はあなたについて、真剣に調べてきました。つきましては、これまで話したことがない話が聞けると嬉しいです**」という**姿勢**が伝わるといいのかなと思います。

## 取材相手と対等になる必要はないし、なれるわけないし

とまあ、相手の方からいい話を聞くためにも、事前準備は大事です。が、誤解なきようにお伝えしますが、取材をする際、その方の専門分野について詳しくなくてはいけないわけではありません。

**専門分野について識者に話を聞くときは、むしろ「素人目線」が大事**です。わかっ

た風で話を合わせるのではなく、読者代表として素直に疑問を投げられる姿勢です。だから、そのジャンルでよく使われる言葉や、大きな流れは把握しますが、その道のプロのように詳しくなる必要はありません（なろうと思っても、なれませんが）。

門外漢のことを下調べするときには、以下のことを意識します。

---

* その方に、**読者代表として質問ができるレベル**になる
* その方が話していることの**どこが画期的なのかがわかるレベル**になる

---

となると、大事なのは前にも話した「相場感」なのですが、相場感を大きく捉えるには、雑誌で情報をインプットするのがいいと思います。

たとえば今年私は、DX（デジタルトランスフォーメーション）についての書籍ライティングを担当しました。もちろん（と、威張ることじゃないけれど）、DXについて私はド素人で、「DXとはデラックスの略ではないらしい」くらいの知識しかありません。

この状態から、書籍一冊ぶんの取材ができるようになるために、**最初にやったこと**

は、**ビジネス系の雑誌で特集号を拾うこと**でした。たとえば「週刊ダイヤモンド」や「週刊東洋経済」や、「プレジデント」などの「DX特集号」をバックナンバーで読み、このテーマを俯瞰的にチェックします。

雑誌は、誰か一人の主張を紹介するのではなく、まんべんなくいろんな論を展開します。また、知識が浅い人にも深い人にも気づきがあるように作られているので、効率良くいろんなレベルの情報を収集できます。その分野で、現在どんな考え方がトレンドなのか、最初に情報収集するのに適しています。

その後、著者さんが書いた記事やブログを一通り読み、その後、ざっとここ1～2年でDXについて書かれたPV数の高そうな関連記事を読み、最後に関連書籍を読みます。最後に書籍に手をつけるのは、書籍には著者の思想が強く出るからです。当たり外れも大きいし、意見の振れ幅も大きい。

でも、最初に**雑誌からスタートして→ウェブニュース→書籍**と順を追っていけば、いま対峙している情報がどれくらいスタンダードなのか、どれくらい奇抜な論なのか、その相場感を持って読めるようになっていきます。最初は広い網で。そのうち、どんどん細かい網で情報を収集するイメージです。この間3日くらいでしょうか。一気に情報収集するほうが効率が良いと感じます。

専門性の高いジャンルの仕事を引き受けるのは、勇気がいります。本当に取材できるのだろうかとも思います。

迷ったとき、私が**その仕事を受けるかどうかの目安にしているのは、想定読者のレベル**です。

その本の想定読者が「私と同じくらい、ぼんやりとした知識しかないビジネスパーソン」であれば、お引き受けして大丈夫かなと判断します。これが、「エンジニアを相手にしたＤＸ本」だったら、断ります（依頼もこないと思うけれど）。


あまりにも手に負えないテーマだったり、興味の持てないテーマだったら断ります。が、自分からは絶対に手を出さないテーマについて、プロから詳しい話を聞けるのも、この仕事の醍醐味です。

そうやって、世の中のいろんなテーマに対して、その仕事の間だけでも深く学び考える時間を持つことで、人生がとても多面的になります。遠いところの話に見えた取材でも、実際に深く話を聞いていけば、いま、自分が大事にしている日々の生活とどこかでつながっているものです。

こういう経験って、なかなか他の職業ではできないと思うし、そのうえ原稿料までもらえるのですから、いい仕事だなあって思います。

*Think*

# 11

# インタビューでは何をどう聞く？

## 徹子で触って、タモリで脱がせる

人の話を聞くときには、大きく分けて2つのパターンがあります。私はこれを「**徹子式**」と「**タモリ式**」と呼んでいます。

『徹子の部屋』では、黒柳さんが「あなた、お生まれはどこなの？」「お父さんやお母さんはどんな方？」……と**時系列に沿って、その方のエピソードを聞きだしていきます。**

このやり方は、相手のことをよく知らないときには有効です。**たくさんの質問をすることで、相手の全体像が見えてくる**のです。

一方、タモリさんの質問は、ひとつの事柄を深く掘り下げる質問です。

「免許取ったんだって？」「どこで取ったの？」「合宿って学生が多いんじゃないの？」……など、**一つのテーマに沿って、質問をどんどん深くしていきます。**

この方法の特徴は、その人の新しい側面が見えたり、いままで知らなかったところが引き出せることにあります。

どちらの聞き方がいい、というわけではなくて、徹子式とタモリ式をいったりきたりしながら、その方をできるだけ立体的に浮かび上がらせるようにして、話を聞くのがいいでしょう。

具体的には、徹子さんのような質問をしつつ、その方がどこに大きく反応するかを窺いながらインタビューする。「この話については、深掘りしたほうが良さそう」を見つけたら、すかさずタモリさんのように深く掘っていくイメージです。

## 「俺」が顔を出したら、そこ掘れキャン♡

「このポイントなら、面白い話を聞けるかもしれない」を感じるのは難しいことで、経験も勘も必要です。私がインタビューをしていて、「**あ、ここを深堀りしよう**」**と思うタイミングは、取材相手のテンションが変わったとき**です。

女性の場合、それまで「です・ます」で取材に答えていたのが、**ある瞬間から友達みたいに、砕けた感じで答えてくれる**ことがあります。そういうときは、その人が話したい話題だと思うので、その部分を深く掘り下げます。

男性だと、**主語が変わる瞬間**。

最初にお目にかかったときには、「私」や「僕」という言い方をしているのに、ある瞬間に「俺はね」などと、くだけた調子に変わるとき。

この「私」や「僕」が「俺」に変わる瞬間が、私、結構好きでドキドキします。こういうときって、本人の中で、主語の強度が変わったのだろうと思うからです。

**主語が変わる瞬間は、自分が伝えたいことに対する〝圧〟が変わった瞬間**であることが多いです。もしくは、「公」性の変化の場合もあります。公のポジションからのトークなのか、プライベートの私的な立場からのトークなのかによっても、主語が変わると感じます。

ただ、ひとつ、注意しなきゃいけないことがあって。

急に砕けた口調になったり、主語の僕が俺になったりする人って、無意識にそうなっている方もいるけれど、意図的にやっている方もいるんですよ。人たらしと呼ばれる経営者や、めちゃくちゃモテる人などは、主語を上手に使い分けるのです。

「あ、この人、私に心を開いてくれた」とか、「あ、思ったよりチャーミング」とか。そんなふうに、インタビュアーに思われる瞬間を、ご自身で演出するんですよね。ずるいよね。

と、それがわかっていたとしても、やっぱりドキドキしちゃうし、やっぱり主語が変わったら、そこ掘れキャン、です。

## 話し続ける人、沈黙してしまう人には

**インタビューではペーシングを大事にしています。**ペーシングとは、相手の方にテンポを合わせることですね。

ビジネス書の著者さんは早口なことが多いです。なので、質問もサクサク進める。間もあまりつくらず、テンポ良くお伺いします。逆に、お声が小さい方や、ゆっくり話す方は、その人のゆっくりしたテンポに合わせます。

インタビューでは、事前に質問を出してくださいと言われることが多いです。ただ、**事前の質問通りに取材が進んでいるときは、それほど面白い話が聞けていないことが多い。**

とくに明晰に話す方や、事前にしっかり質問を読み込んでくださる方だと、一問一答のようになるときがあります。そこから全然、話が広がりません。

つい最近も、大好きな漫画家さんにインタビューをしたのですが、ものすごく回答が明確で「やばい、このままだと用意した質問が10分以内に終わってしまう」ということがありました。

そういうときは、必殺「**自分や友人の悩みごと相談をする**」をくり出します。

その漫画家さんに「私の友人がこういうことに悩んでいるのですが、先生だったらどうアドバイスされますか？」と質問したのです。すると急に話が盛り上がり、あちこち脱線しながら名言が次々と炸裂し、とても楽しい1時間の取材になりました。

ところで、このケースのように、取材中に**相手がすらすらと淀みなく話をしているときは要注意**です。

一見スムーズに取材が進んでいるように思えるのだけれど、実は、そういうときは、相手がいつも語っていることをなぞっているだけのことが多いからです。

「いい話が聞けた」と思ってほくほく帰っても、あとから調べると、雑誌でいつもしている話だったり、ファンの間ではすでに有名なエピソードだったりします。

それに気づいてからは、「相手が流暢に気持ち良く話しているということは、考えさせる質問ができていないということだし、『初めて話すこと』を引き出せてない証拠だ」と考えるようになりました。

こういう場合は、徹子式ではなくタモリ式に脳を切り替え、いま**淀みなく流れている話のどこでくさびを打って、話を深掘りするかを考えながら、勝負どころを待つこ**とになります。

とはいえ、人の話を遮って質問をするのは難しいですよね。これには、とっておきの方法があります。これは、ブックライターの上阪徹さんに習ったのですが、**相手の視界に入るように、ゆっくり、そーっと手を挙げる**のがいいのだそうです。

どんなにしゃべり倒していた人でも、「ん？　どうした？」と、話を止めてくれます。そこで、形勢を立て直してこちらの質問タイムに持ち込む。

やってみるとわかるのですが、この方法は、相手の話を遮った感を感じさせません。私はこれを知ってから、何度も試していますが、マシンガントークを感じ良く遮るのに効果絶大です。「あの――――ぅ」という感じで、相手の顔を上目遣いで覗き込みながら、ゆっくり静かに手を挙げるのがコツです。

逆に、沈黙が生まれてしまう場合もあります。質問に対して相手が押し黙ってしまうようなケースです。こういうときは、チャンスだと思ってじっくり待ちます。

インタビュー中に長い沈黙が生まれるのは、怖いものです。だから、質問したあとに「間」ができると、前の質問を補足してしまったり、次の質問でその「間」を埋めてしまいたくなる気持ちもわかります。

でも、**相手が黙っているということは、その質問についてこれまで考えたことがなかったという証拠**。その沈黙をぐっと我慢し、じりじりと待ったあとに取材相手の口から語られる言葉は、どこでも語られなかった金言であることが多いものです。

ちなみに私は、取材中にあまりメモをとりません。相手の挙動に集中したいからです。ただし、先方が話をしているときに、疑問が生まれたり、質問したいことができたりしたら、それだけは忘れないようにメモをします。

なので、私の取材メモは、ほぼ、質問リストです。話がひと段落したときに、その話を深掘りする質問ができるように、心の準備をしながら聞いています。

## 犯人しか知らない証拠を聞き出す

もうひとつ。私が、取材のときに意識しているのは「犯人しか知らない証拠」を聞き出すことです。

「犯人しか知らない証拠」とは、もともと島田紳助さんが、吉本興業の芸人育成プログラムの中で話した言葉です。紳助さんいわく、オール阪神・巨人さんの漫才は、「漫才のシチュエーションを、実際にあった話のように観客に感じてもらう」のがとても上手いのだそうです。

たとえば、「昨日、1万円拾ったんだよね」から始まる漫才の場合、普通、1万円拾ったことは、漫才のための作り話だと誰もが思います。

でもオール阪神・巨人さんの場合は「昨日、1万円拾った。雨が降っていたから、1万円札がアスファルトにぴたーっとくっついていて、破らないように、そっと剥がした」といった言葉を付け加えるんだそうです。

この「アスファルトにぴたーっとくっついている」や「破らないように、そっと剥がした」という言葉を、紳助さんは「犯人しか知らない証拠」として説明されていました。そういう、**「実際に体験した人にしかわからない言葉」があること**によって、「ああ、本当に1万円札を拾ったのか」と思わせてしまうのだとか。

ライターの取材でいうと、実際に体験した人しか知り得ない、音や、匂いや、手触りを聞き出すことでしょうか。

そういった五感にまつわる言葉を聞いて、それを文章の中に盛り込むと、その場の空気が立ち上がるような、臨場感のあるシーンが書けるように思います。

以前、ある取材相手の方が「高校を中退した日に、交通事故にあって脳出血し、1ヶ月入院した」という話をしてくださいました。救急車に運ばれながら、彼女は自分の頭の中でチャプチャプ、チャプチャプという音がするのを聞いたそうです。

そうか。脳出血すると、チャプチャプという音がするのか……と、鳥肌が立ちました。そういう一**級品の証拠を文章に残せると、鮮やかに映像が立ち上がったり、読者の方もまるでその場を経験したかのような気分になる**ことがあります。

取材中は、こういった「犯人しか知らない証拠」を探すようにしています。

## 引き出した言葉を調理する ——解釈か創作か

何度かインタビュー原稿を書くようになったら、必ず誰もが一度は通る疑問があって、それは「**どこまで相手の言葉を解釈（意訳）していいのだろう」問題**です。

先日もあるライターさんが取材相手に、「そうそう、僕が言いたかったことは、こういうことなんだよね！　ありがとう」と言われてすごく嬉しかったけれど、あとで、

「でもそれって、解釈（意訳）の範囲なんだろうか、それとも私は取材相手の言葉を捏造（創作）してしまったのだろうか？」と悩んでしまったと言っていました。

ライターになると、誰もが一度は、この「解釈と創作」の間で悩みます。

この件に関してはもう、本当に朝まで生討論できる。過去に何度も、いろんなライターさんと生討論してきた。それくらい、大事な論点です。

いろんなタイプのインタビュー原稿があるから、一概には言えません。けれど、先のライターさんが言われたように、取材相手に「そう、自分はこういうことが言いたかった！」と思われる原稿を書くことこそ、本来のライターの仕事だと私は思います。つまり、**ライターの仕事＝言語化のお手伝いをすること。言語化のお手伝いということとは、すなわち、取材相手の思考を押し進めること**に他なりません。

だからベストなのは、取材中に質問や対話を重ねて、相手に言語化までしてもらうこと。でも、それは時間の制限もあるし、話してもらわなくてはいけないこともてんこ盛りなので、本当に難しい。ベター策は、「**取材中にはそこまで言語化されなかったが、改めてふりかえると、こういうことを言いたかったのだろうと推測して書く**」になるのではないでしょうか。

**それが、ライターの創作になるかどうかは、ライターがどれだけ取材相手の思考を**

**トレースできるか**にかかっていると思います。

私はこれを「取材相手と目ん玉の位置を合わせる」と表現します。別の言い方だと、「視座を合わせる」という感じかな。

その人が見たであろう景色を、その人がたどったであろう思考を、なるべく近い感覚で追体験する。それができた上で言語化をした場合は、取材相手の言葉と原稿の言葉がズレることはほとんどありません。

逆に、取材相手の言葉を、自分の人生に強引に引き寄せて言語化した場合は、その原稿はライターの創作文になってしまう。

この2つの線引きは難しいけれど、前者がちゃんとできるようになれば、後者に逃げたときはすぐ自分で気づきます。

## 「inter(はざま)」を「view(見る)」

ここまで書くと、ライターには

①　言葉を引き出す力
②　引き出した言葉を元に、取材相手が見た景色や辿った思考を再構築する力

の両方が必要だとわかります。
①に関してもう少し考えると、「聞く」は、単なる「聞く」ではなく、むしろ「問う」ことだと気づきます。**ライターの取材は、相手の言葉に耳を傾けるだけでは全然足りなくて「聞いた」言葉を「問い」をもってして深める作業が必要**なのです。
このことは、interviewという言葉の語源を遡るとわかりやすいかもしれません。interviewとは、そのままでは存在を確認できない「inter（はざま）」を「view（見える化）」する作業なのだと思います。

この人が感じた「悲しい」を、この人が感じた「感動」を、どう伝えれば一番伝わるのか。それを考えながら、①取材相手の身体の中から言葉を掘り起こす。そして、②掘り起こした言葉を、もし別の表現に置き換えたほうがよりしっくりくるのであれば、置き換える。ここで、interをviewする視点が必要になります。そして、その作業こそがライターの「取材して、原稿を書く」作業のように思います。

原稿にはライターの生き方がモロに出ると私が考える理由は、ここにあります。そもそも、言葉を引き出せなければ素材がないし、その素材が何を示しているのかを知るには、想像する力が必要になる。

さて、いま、私は「想像」という言葉を使いました。

私は、**ライターは経験したことしか上手く書けないとは思いません。**病気をした経験がある人だけが病気について書けるとか、スポーツの経験がある人じゃないとアスリートの本は書けないとか、そうはまったく思いません。でも、いままでの**自分の人生で経験したことを総動員して想像し、思考する力は求められる**と感じます。

## 聞くのが上手い人はオフでもモテる

話はインタビューから逸れますが（でも実は、ここからが最も大事なことなのでこっそり話しますが）、**インタビューが上手い人は、モテます。これは、おそらく傾聴のクセがつくから**でしょう。

傾聴の姿勢とは「**私はあなたにとても興味を持って話を聞いています**」という態度

です。ライターをやっていると、いやでもこの態度が身につきます。

というのも、ライターって、聞くことに対して必死なんですよね。だって、何度も言うけれど、素材がないと料理ができないわけだから。素材集めに必死なんです。言葉の狩人。

ときどき隣で「へええ、先生！　その話、ものすごく面白いです」って、脳天気に相槌打つだけの編集者がいたら、こづきたくなります（そりゃ、あなたは書かないからいいかもしれないけれど、私はいまの話では４００文字くらいの素材にしかならないことを知っている）。

つまり、**相手から話を引き出すことに命懸けな生き物（そうしないと、あとで自分の首が絞まるから）が、ライター**と言えます。

このクセがつくと、モテます。先日も、私のライター講座の卒業生から「講座で習ったインタビューのコツを、バーで隣のお客さん相手に実践したら、毎晩モテすぎて大変です」と連絡がありました。いい話ではないか。

ところで、私はいま、子育てに関するエッセイを連載しているのだけれど、このエッセイを２週間に１回納品するようになってから、子どもの言葉にものすごく真剣に耳を傾けるようになりました。

もちろんそれまでも、息子との会話は楽しかったのだけれど、連載が始まってからは「いまの言葉、どういう意味で発言したのか、もう少し聞いてみよう」と質問を重ねることが増えたのです。言葉は汚いけれど、言うたらネタ集めです。取材相手に接するように息子にも接するようになった。上の空で会話することが、なくなった。

すると何が起こったかというと、

「ママ、最近すごく優しくなった。僕の話をちゃんと聞いてくれるようになったよね」

と、言われるようになったわけです。


いやあ、これ、一事が万事だなと思いました。


**物書きとして生きることとは、目をこらし、耳をすませ、取材者として生きる態度を持つこと**だと思います。

そして、そうやって生きた結果、物事への理解が深まり、生活が楽しくなり、息子との関係が一歩深くなるのだとしたら、いい職業だなあと思います。いろいろ一石二鳥の仕事ですね（にっこり）。

Think

# 12

# 平均点をとれる原稿を書くためには？

## 平均点以上の原稿を書く2つの鉄則

この本は文章術の本ではないので、細かく文章のノウハウに触れていくことはしません。ただ、この項で紹介することだけは、書いて生きていくために最低限必要な技術だと思うので、紹介します。イメージは、100人中トップ3の原稿ではなく、100人中上位30人くらいに入る「平均点以上の原稿」だと思ってください。

63ページで、文章のレベルには3つの段階があると話しました。そしてレベル②の**「わかりやすい」ことまでクリアすれば、ライターとして十分食べていける**とも言いました。

この「わかりやすい」レベルの文章を書くために、最重要のスキルは

---

① 一文を短くする
② 前後の因果関係をはっきりさせて書く

---

の2つです。

たった2つだけ？　と思われるかもしれませんが、この2つさえクリアできていれば、レベル②の「わかりやすい」ことまで到達します。

## 一文を短くする

読みにくい文章の8割は、「一文を短くする」ことで、読みやすくなります。具体的には、40～50文字書いたら句点（。）を打つくらいでいい。一文を短くすれば、

①主語と述語がねじれる
②修飾語と被修飾語の関係があやふやになる
③てにをはが変になる

あたりは、すべてなくなります。そして、テンポが良くなりますので、普段あまり文章を読まない人にも読みやすく読んでもらえます。

ときどき「短い文章を連ねると、幼稚な印象になるのでは？」と聞かれることがあ

りますが、長くて読みにくい文章よりは、よっぽどマシです。

ライターになりたてのうちは、**「長い文章を書いていいのは、文法に絶対的自信がある人だけ」**と思ってください。

ちなみに、私はライターを目指す人だけではなく、企業の広報や、企業SNSの「中の人」、社内ブロガーなどの文章を指導する仕事もしています。

そのときにも、この一文を短くすることを徹底的に意識してもらうと、見違えるほど文章が読みやすくなります。たいてい1回の講義で体得できます。

## 因果関係を明確にする

短く書けるようになったら、次は、その短い文章をわかりやすくつなぎます。この「文章のつなぎ方」が明確だと、読みやすい文章になります。「文章のつなぎ方」とは、すなわち、前後の文章がどんな因果関係を持っているのかを示すこと。読みやすい文章は、この因果関係がはっきりしています。

文章における因果関係は、ものすごくざっくり言うと、

①　AだからB（＝順接）なのか
②　AなのにB（＝逆説）なのか

の2つに集約されます。
具体的な例を2つあげましょう。

①　北海道なので、夏も涼しい（AだからB＝順接）
②　北海道なのに、夏は暑い（AなのにB＝逆説）

①　フリルがたっぷりなので、甘い印象（AだからB＝順接）
②　フリルがたっぷりなのに、クールな印象（AなのにB＝逆説）

読むとわかると思いますが、①と②を比較すると、②のほうが驚きが大きくなります。驚きがあるということは、ニュース価値があるということ。だから、メディアでわざわざ取材するときは、たいてい、②の論理展開をすることが多くなります（あとで書きますが、コラムやエッセイは、世の中に新しい価値観を提示することがひとつの役割になるので、おおむね②で論理展開することになります）。

いま自分が書いている文章が、「①AだからB」なのか「②AなのにB」なのか。それを意識するだけでも、文章はだいぶ読みやすくなります。

さて、ライターが向き合わなくてはいけない因果関係は、だいたい以下の4つです。

① 文と文との因果関係
② 段落と段落との因果関係
③ 項と項との因果関係
④ 章と章との因果関係

そして、

・雑誌のキャプションやTwitter程度の短い文章は①まで、
・短いインタビュー原稿やまとめ記事であれば、①〜②まで、
・ロングインタビューなら①〜③まで、
・書籍であれば、①〜④まで

の因果関係をはっきりさせる技術が必要です。

ちなみに、「インタビュー原稿は問題なく書けるのに、書籍になると怪しくなる」という人は、圧倒的に、③と④が弱い人が多いです。

取材したこと、ひとつひとつを2000字にまとめることはできるのだけれど、それら2000字の原稿を、どのように並べたら、大きな物語としてうねりを持たせてまとめられるのかがイメージできないのです。

## 「構成」も因果関係がわかれば上手くなる

「因果関係をはっきりさせること」とはすなわち、「文章の構成を作れる」ことと同義です。ですから、因果関係をはっきりさせられる技術が身につけば、おのずと構成が上手くなります。

逆に言うと、**編集さんから「構成が悪い」と指摘されたら、因果関係がはっきりしていない**のだと思えばいいでしょう。

では、どのように因果関係をはっきりさせた文章を書けばいいのでしょうか。

ここで、速く&わかりやすく書くライターさんたちが、たいていやっている「KJ法」で、構成案を作る方法をご紹介します。

長い文章でも、短い文章でも、構成のステップは以下の2つだけです。

---

① 同じ内容の素材をグループ分けする
② それぞれのグループを「接続詞」でつなぐ

---

それぞれ説明しましょう。

## 「KJ法」で素材を分類する

①最初に、素材をグループ分けします。このときに使うのが、KJ法です。

KJ法とは、川喜田二郎氏が考案した大量の情報を効率良く整理するための手法です。企画会議や打ち合わせで、使用したことがある人もいるのではないでしょうか。これを、文章の構成に応用します。

まず、集めた素材を箇条書きで付箋に書き出します。この素材は、インタビューした内容、自分で調べた内容などいろいろあるでしょう。この段階では、絶対に使わないと思った素材以外は、すべて書き出します。

そしてそれらの付箋を、似た要素、近い要素ごとにグループ分けします。

## 「接続詞」でつなぐ——わかりやすさの要諦

②次に、付箋で分けたそれぞれのグループ同士を「接続詞」でつなぎます。①の作業で、たとえば5つの付箋のグループができたとします。その5つのグループを、どの順番で並べたら、一番スムーズに話が進むかを考えます。

文章の設計 ①
## KJ法で素材を分類する

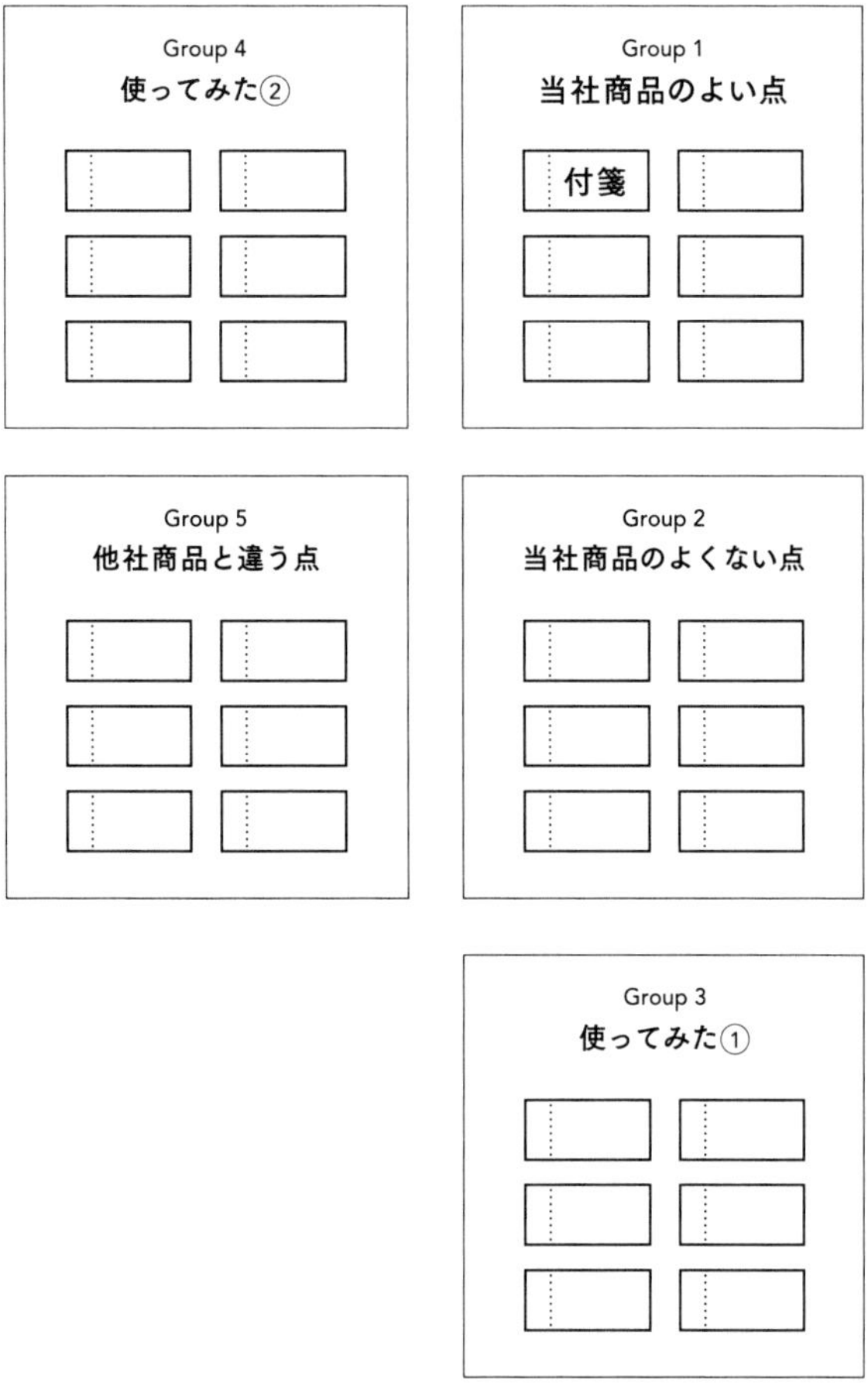

文章の設計②
## 接続詞でつなぐ

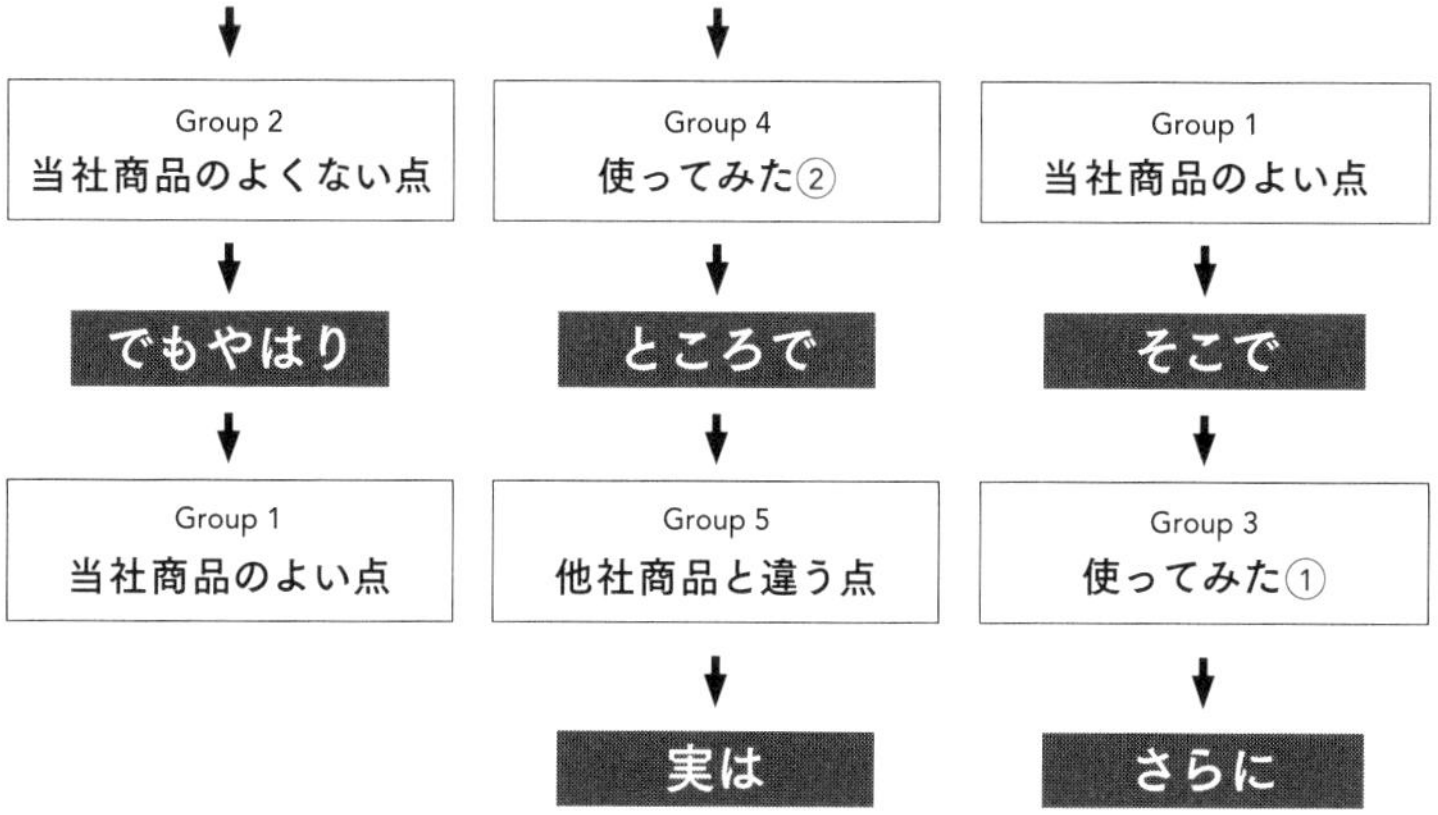


このとき、単に順番を考えるだけではなく、それらのグループを「どのような接続詞でつなぐと話を進めやすいか」を意識しながら考えると、自然とわかりやすく論理的な構成が作れます。

**「接続詞」でつなぐということは、因果関係をはっきりさせることと同義**です。論理破綻がある場合は、接続詞が不自然になるので、すぐ気づきます。

この方法で文章を書けば、構成が破綻することもほぼなくなります。

くり返しになりますが、

①文と文との因果関係　をはっきりさせて数百字程度の原稿を書き、
②段落と段落との因果関係　をはっきりさせて数千字程度の原稿を書き、
③項と項との因果関係　をはっきりさせて500〜1万字程度の原稿を書き、
④章と章との因果関係　をはっきりさせて10万字程度の原稿を書く。

どのサイズの原稿を書くにしても、「構成とは、因果関係のことだ」と理解すれば、文章は格段にわかりやすくなります。

## 接続詞は読者への思いやり

文章術の本には、よく、「書かなくても文意が変わらない接続詞はなるべく省略する」と書かれています。

が、**文章の初心者は、入れられる場所にはすべて接続詞を入れて**一度原稿を書いてください。それをすることで、文章の因果関係がはっきりしますし、構成がくっきりするし、論理破綻がないかどうかをチェックできます。その上で、推敲の段階で必要がない接続詞を省いていけばいいでしょう。

ただし、私は、**接続詞はそんなに躍起になって削らなくても良い**と考えています。というのも、接続詞があることで、読者に心の準備をして文章を読んでもらえるからです。

たとえば、いま私が書いた、直前の2つの文。

「ただし」も「というのも」も、書かなくても文意は通じます。この2つの接続詞は削ってもいいでしょう。

でも、「ただし」と書かれていると、「これから何か、注意事項を伝えられるのだな」と予想して続く文章を読む心構えができます。この心構えを持ってもらうだけで、その後の文章「接続詞は躍起になって削らなくても良い」が、注意事項としてすんなり頭に入ります。

同じように、「というのも」という接続詞があることで、「ああ、いまから、理由を説明されるのだな」と準備してもらえます。すると、「読者に心の準備をして読んでもらえるから」という理由が、すんなり頭に入ります。

さらに言うと、直前に書いた文章の中にも「たとえば」「でも」「同じように」「すると」の接続詞があります。これらもやはり、読者の心の準備を促しています。

・「たとえば」↓これから例をあげるんだろうな
・「でも」↓前の文章をこれから否定するんだろうな
・「同じように」↓類似例をあげるんだろうな
・「すると」↓前の文章を肯定するんだろうな

といった具合です。この事前準備をしてもらうことで、**読者の脳のメモリをなるべく使わせないように**するのです。

読みやすい文章の条件に「一度読んだところを、遡って読み返さなくてもいい」と「誤読されない」があります。

このように、接続詞を使って読者に準備をしてもらいながら文章を進めると、

・読み返しをしなくても理解しやすくなりますし、
・因果関係がはっきりするので誤読されることも減ります。

# *Think* 13

# 原稿をどう見直す？　炎上を防ぐには？

## 読み上げたり、眺めたり、推敲の手法はいろいろ

友人のライターに、推敲が一番好きという人がいます。鉋《かんな》で木を削るように、文章を磨いていくのが好きなのだそうで、たしかに彼女の書く原稿は本当に美しい。

私は彼女ほど推敲に時間をかけるタイプではないですが、コラム1本を2時間で書いて納品するとしたら、そのうち30～40分くらいは推敲に使っています。

推敲や校正をするときは、①縦書きにして読む派、②プリントアウトして読む派、③音読する派などが多いようですが、私は断然、④ケータイに転送してケータイの画面で確認する派です。

コラムもエッセイもインタビュー記事も、10万字の書籍の原稿も、一度ケータイで確認します。ケータイで原稿を確認すると、パソコンの画面やプリントアウトでは気づかなかった、誤字脱字に気づきやすいんですよね。

誤字脱字だけではなく、「なんか、ここ、流れが悪いな」とか「リズムが悪いな」というのも、ケータイで読むとわかりやすかったりします。

先口一緒に原稿を書いていたベテランライターさんは、一字一句しっかり音読して

推敲してから納品していて、「ああ、だから彼女の文章はあそこまでリズムがいいのか」と納得しました。私はこれまで音読したことはないのですが、やってみようかなと思いました。

余談ですが、**物書きには、「文章が絵で浮かぶタイプ」と「文章で音が鳴るタイプ」がいるような気がします。**私はどちらかというと前者です。

目の前にその場面を思い浮かべて、その映像が消えないうちに文章に書きとるような感じの書き方をしているので、「絵を見て書いている」感じです。

でも、書き手のなかには「音楽が鳴る」とか「書く文章にふさわしいBGMを見つけて、その世界観で書く」という人も結構多くて、そういう人たちの文章は、音楽的だと感じます。こちらのタイプは、最後は必ず音読するという人が多いです。

## 原稿に小骨は残っていないか?

原稿を推敲する際に主に確認するのは、**誤字脱字、文章のリズムや言い回しのわかりやすさ**なのですが、それ以前に大前提として「**この文章を読んでいて、（意図せず）不快になる人はいないだろうか?**」は、かなり意識して読み直します。

前出の鉋をかけるライターの友人は、そのことを「文章からピンセットで小骨を抜くような作業」という言い方をしていて、オリジナルは「ほぼ日」の奥野武範さんの言葉のようです。

もちろん、トゲのない文章が必ずしもいいとは思いません。が、**書き手の意図しないトゲは抜いていく**べきで、そのためには最低限、

* 取材相手の不利益になる表現はないか
* 取材相手の関係者を傷つける表現はないか
* 読者が読んで不快になる表現はないか
* コンプライアンス的に問題になる表現はないか

をチェックする必要があります。

たとえば、過去に私が書いたインタビュー記事。ある企業の経営者の方の原稿で、「お客様からクレームが入った」という表現を「お客様からお叱りを受けました」に修

正してほしいと言われたことがあります。

やはり別の企業の経営者の方のインタビュー記事で「できるだけ下の世代と話をするようにしています」を「できるだけ若い世代と話をするようにしています」と修正されたこともあります。

どちらも立場がある方の発言で、ことさら「偉そうに見えないこと」を意識され、日頃からご自身の発言に対して細心の注意を払っているのだと感じました。ひるがえって、自分の言葉選びの甘さを反省し、もっとちゃんと小骨を抜かねばと思った経験でもあります。

ライター講座にきてくれる講座生の原稿をチェックするときにも、この「小骨の抜き方」の甘さを指摘することが多いです。

たとえば、「田舎暮らしを敬遠していた人が、移住してみたら意外と良かった」というテーマの文章を書くとします。その土地に住んでいる人が読んでも嫌な気持ちにならないか。その原稿が公開されたとき、その取材相手は、これからも住み続けるその田舎で白い目で見られないか。

たとえば、「社内の反対を押し切ってリリースした商品が、空前絶後の大ヒット。その開発ヒストリー」を書くとして、社内で反対していた人が読んでも大丈夫か。取材相手は、その後仕事がしにくくならないか。
そういう目線を持って原稿をチェックするのが、360度チェックであり、小骨を抜く作業です。

もちろん、媒体によっては、相手が嫌がるスクープ記事を書かなくてはならないケースもあるでしょう。そういった仕事があることは、私も理解しています。ただ、私が書く原稿は、誰のことも不快にする必要がない原稿がほとんどなので、こういった小骨抜き作業が必須です。

「コンプライアンス的に大丈夫な表現かどうかを意識して書くこと」も、この先ライターに強く問われていくことでしょう。

たとえば私が2016年に書いた『女の運命は髪で変わる』（サンマーク出版）という書籍には、「男性にモテるための、女らしい髪型」という表現があります。いまならば、絶対このような書き方はしないだろうなと思います。

**世の中は変化していくし、言葉はナマモノなので、昨年までOKだった表現がNGになっていくことは、今後も起こりうる**でしょう。なんでもかんでも言葉狩りすればいいとは思っていませんが、**文章を書く仕事をしている以上、言葉の使われ方の変化**

と、**その変化の根底にある理由に敏感である必要がある**と考えています。

オリンピックの開閉会式に関わる人の過去のインタビュー記事が問題になり、直前で降板劇が起こったことも、記憶に新しいところです。

あの記事の内容について、何がどう問題だったかは、多くの人が検証しているのでここで触れることはしません。ただ、書き手は、「**自分が今書いている文章が、半永久的に残り、それがその後の取材相手の人生を左右する可能性がある**」ことの意味を、これまで以上に考えていく必要があるでしょう。

## 編集者がつけた見出しで不本意に人を傷つけることになったら

これはまた別の話ですが、ライターが意図しない方向で、人を傷つけてしまうケースもあります。ウェブ原稿などでは、わざとミスリードを誘うえげつないタイトルを編集部につけられ、辛い気持ちになったというライターの話も聞きます。

悲しいかな、そういうときにSNSなどで**批判の矢面に立たされるのはたいていの場合、クレジットの入ったライター**です。

そういう不意打ちをくらったときは、ちゃんと編集者と話し合うことが大事です。それでもわかってもらえなかったり、同じようなことが何度もくり返されるようであれば、私ならば、それがどんなに影響力のある媒体だったとしても、二度と仕事をしないと思います。私は、誰かを不幸にしてまで読まれるべき文章は（少なくとも私が引き受けるような仕事では）ないと思っているからです。

**文章を書いて生きていくと決めたときには、ここだけはゆずれない一線を、自分の中に引く**ことも大事です。

原稿料より、ＰＶ数より、大事なのは「**自分が自分を信頼できるか**」です。自分を信頼できなくなったら、文章を書いて生きていくことはとたんに苦しくなっていきます。

## 赤字を成長の機会と捉える

編集者から指摘される赤字についてもお話しします。

私は赤字が大好物です。赤字は編集者からのラブレターだと思っているくらい好き。

もちろん、相手の手をわずらわせてしまうのだから、修正は少ないにこしたことはありません。でも、プロとして甘いと怒られそうだけれど、「人の力で自分の原稿が良くなるなんて、なんてお得なのかしら」とばかり思います。「赤字の数だけ上手くなれるよ」と、いつも脳内で歌っています（岡本真夜さんの声で）。

そして、基本的に赤字が入らないようなお任せ仕事はお引き受けしません。それは、自分が成長しないからということもありますが、赤字が入らないということは、自分の書いた原稿がそのまま世の中に（ブログなどではなく、公の媒体で）出てしまうことになります。これ、本当に怖いことなんですよね。

自分の文章に対して、ともに責任を持ってくれる媒体で書くことは、何かトラブルが起こったときにも心強いし、今後ますます重要な要素になっていくと感じます。

でも、私の講座の講座生には、赤字に対して恐怖心を持っていたり、必要以上に落ち込んでしまったりする人がいます。そういう人は、自分が納品した原稿に、人格を重ねてしまっている場合が多い気がします。「原稿を否定される＝人格を否定される」と思っているのかも。

もちろん、一生懸命書いた原稿を直されると落ち込む気持ちはわかります。でも、原稿はあなたの「作品」ではなく、あくまで「納品物」。料理人が「なるほど。もう少し塩を足したほうが、美味しくなるんだな」と考えるように、「なるほど。こう表現したほうが伝わるんだな」と受け止め、どんどん上手くなっていきましょう（ただし、編集者の「赤字」と、読者の「レビュー」は、まったく別物です。読者のレビューにはあきらかに悪意のある人格攻撃レビューもあります。こちらの対処法は245ページから書きます）。

もちろん、先ほど話したように、不本意な修正は話し合いをしましょう。

私は基本的に、編集者の赤字は、そのまま反映することが多いです。が、どう考えてもインタビュイーや読者を不幸にするような方向での修正の場合は、とことん話し合います。

## 褒められたときほど注意する

私にとって、赤字よりもむしろ怖いのは、褒められることです。

文章を褒めてもらえる経験は、あるところまでは成長の糧になります。自信がつくし、自分の文章の強みや傾向もわかるからです。でも、褒められたときの記憶が強烈で、**「また、あんな感じの文章を書こう」とすると、過去の自分を自分で真似し始めて、そこで成長が止まります。**それが、怖い。

とくに自分が尊敬している人、好きな人に褒め言葉をもらうと、人は弱い。どうしても「また期待に応えたい」と思ってしまいます。でも、そう思ってしまった時点で、期待を超える仕事はできなくなるのでは、と私は思います。

**褒められること自体が怖いのではなく、褒められることにしがみつくことが、怖い**ことなんだなと思います。

不思議なもので、誰かに届きますように、と書いた文章は人の心に届くのだけれど、**誰かに褒められますように、と書いた文章って、なぜだか人に届かない。**多分、どこかに濁りが出るのだと思います。だから、「褒められたい」をモチベーションにするのではなく、「届けたい」という気持ちをモチベーションにして、できるだけピュアな気持ちで書けるといいなと思っています。

私は、褒めコメントに関しても、なるべく赤字と同じようにフラットに付き合うように意識しています。ちゃんと狙った効果を評価されたのか、その答え合わせするつもりで読むようにしています。

## 上手く書けたと思えることが少ないあなたへ

文章を書いていると、自分の原稿に「やばい、マジで面白い。私、天才？」と思うときと、「なんだよこの原稿、前世からやり直してこい」と思うときが、おおむね交互にやってきます。だけど、いつからか、いちいち喜んだり落ち込んだりしないで、ただただ毎日粛々と書くようになりました。

最近わかったのだけれど、だいたい、自分の原稿をひどいと思っているときのほうが、実際は調子が良いことが多い。気力が充実しているときのほうが、上を見ているから、自分の原稿に対して厳しくなっている。だから、あとから読み返すと、「あー、そんなに悪くないや。捨てなくてよかった」と思うことが多いです。

**毎日毎日書いていると、自分が浮き沈みしているように見えるのだけれど、その様子をロングショットで見たら、後退していることは、まずない。**昇る日も、落ちる日も、だいたいのぼっている。書くことを辞めないのが、一番大事です。

Think

# 14

# 企画はどのように立てるのか？

## 書くだけより、企画を提案できれば強い

文章を書くだけでも仕事はできます。でも、**新人のライターが原稿を書くきっかけをつくりやすいのは、企画を持ち込むこと。**だから、企画を考えられるにこしたことはありません。私のライター講座でも、文章を書くことを学ぶ講義の前に、企画の立て方を学ぶ講義があります。

仕事を獲得できるだけではなく、「隙あらば企画を考えよう」と思っていたほうが、書き手としても成長していきます。というのも、企画を考えるようになると、

①**編集者の気持ちがわかる**ようになる
②**世の中を取材者の目で深く観察できる**ようになる

からです。

長く売れているライターは、たいてい「編集者目線」を持っています。そして、仕事を受注するだけではなく、編集者にちょっとした提案ができる人がほとんどです。また、一度**自分で企画を立ててみると、人の企画に敏感になります**から、より芯を食った企画を立てられるようになっていく好循環がまわります。

「企画書を書く」となると、大ごとに感じる人は、「**ちょっと提案をする**」ができるようになる、と考えてみましょう。

## 企画を通せる切り口2パターン

これは、過去にお仕事をご一緒した編集者さんに教えていただいたのですが、企画を立てるときは以下の2点を意識するといいそうです。

① その道のプロにとっては常識だけれど、一般の人にとっては非常識なこと
② その道のプロにとっては非常識だけれど、一般の人にとっては常識なこと

この2点のどちらかを意識すると、それが企画の切り口になることが多い。こうやって考えてみると、**企画においても大事なのは「相場感」**ですね。加えて、「なぜいま、この企画を取り上げるべきなのか」といった時事性があればなおよしです。

よく言われることですが、企画はだいたいエレベータートークで決まります。エレベータートークとは、エレベーターで1階から目的の階までの間くらい短い時間で話せる会話のこと。だいたい20～30秒くらいでしょうか。そのくらい短時間の会話で面白そうと思われる企画が、すんなり企画会議を通るように思います。

この書籍も、担当編集者のりり子さんに「実は、ライターになりたい人たちから一番質問されることって、文章の書き方についてじゃないんですよ。休みはどれくらいあるのかとか、どう売り込みすればいいのかとか。そういう情報って、どこにも書かれてないからかな？」と話したことが、企画の骨子になっています。

## 企画って最高！　お金をもらいながら考えることができる

私は、企画を考えるのが大好きです。

物書き（とくにライター）に必要な能力には、主に①企画、②取材、③原稿、④コミュニケーション能力があると思いますが、私は、①がめっぽう強いと自分で思っています。自分で順位をつけるなら、①＞＞②＞④＞＞③かなと思う。

企画が強いのは、**普段から世の中を斜めの目線で見ているから**かな、と思います。言うたら、ひねくれてるんだ。

「AについてはBと言われているけれど、それって本当かなあ」とか、「Cが流行っているように見えるけれど、実はそれはDが影響しているのではないかなあ」とか。そういうのを、誰に頼まれたわけでもないのに考えるのが好きすぎるんですよね。

そうやって**考えた仮説を、ふわっと人に投げるのが好きです。それが面白がってもらえたら、企画になる。**企画になれば、お金をもらいながら検証することができます。この仕事、最高か。

ちなみに私は、企画に関しては、通らないほうが普通だと思っています。だから、**企画が通らないことでいちいち落ち込んだりしません。**通ればラッキーくらい。

企画にはタイミングと相性があります。書籍などは、どれだけ面白い企画だったとしても、そのとき、その部署で似たようなテーマの企画が走っていたら、どうやっても通りません（なので私は、書籍の企画を持ち込むときは最低2パターンの企画をバッグにしのばせておきます。AがダメならBを出します）。

また、話した相手がそのテーマに興味を持っていなかったら、それもやはり、秒で撃沈します。そういう場合は、別の出版社に企画を持ち込みます。

ですから、**帰り際に、いつまでに企画の可否を判断してもらえるか聞いておくこと**も大事です。「来週企画会議だから、それまでには返事する」などと教えてもらえれば、企画会議を通らなかったあとに、別の出版社や媒体へ持ち込みもできます。

過去に面白かったのは、「こういうタイプの企画は、うちの編集部じゃやらないと思う」と言われた企画を、たまたま別の機会に出会った同じ編集部の隣の隣の席の方にお見せしたところ、「やりたい」と言われて、本が出たことです（かなり売れました）。

なので、**企画の良し悪しだけではなく、そのとき編集者が興味を持っているかどうか**といった相性にも左右されると思います（だからいちいち落ち込まない）。

## もしかして、企画とアイデアを混同していませんか？

「企画を横取りされる心配はありませんか？」と聞かれたことがあります。が、私は、そのリスクは基本的にないと思っています。21年間仕事をしてきて、企画を横取りされたことは一度もないです。この業界、お互いに信用仕事なので、そこで出し抜かれるようなことはないと感じます。

ただ一点、これは強調しておきたいのですが、私は「**企画とアイデアはまったく別物**」だと考えています。

たとえば、「石原さとみさんで、こんなテーマの本を作るのはどうでしょう？」みたいなアイデアがあるとします。この場合、この企画が実現するかどうかは、石原さとみさんが承諾してくれ、しかもスケジュールが押さえられるかどうかがすべてです。自分がその「握り」をできないのであれば、それはただのアイデアにすぎず、企画の持ち込みでも何でもありません。

**単なるアイデアには、ビジネスとしての価値はない**と思っています。それが実行できることまで保証できて初めて、企画なのです。

## 勝手に書いてしまう、という手もある

企画を持ち込むだけではなく、勝手に書き始めてしまうのもひとつの手です。

書籍ライターを目指したとき、私は、売り込み以外で書籍編集者に見つけてもらいやすい方法はなんだろうと考えました。そして書籍の編集者ならば、自分の担当書籍を熱烈にレビューした記事は読むだろうと思いつきました。そこで、noteで書き始めたのが「書籍に書かれているアドバイスを愚直に実行すると本当にいいことが起こるのかを検証するマガジン」です。いわゆる「やってみた」系の文章で、たとえば、『フランス人は10着しか服を持たない』のレビューでは、実際に10着で1カ月過ごした記事を書くといった感じです。ここで書いた文章はずいぶん読まれ、何人かの編集者さんから「一緒に仕事をしたい」とお話をいただきました。

40代以上向けのヘアカタログサイトを一人で立ち上げたこともあります。企画を持ち込んでも、どこも相手にしてくれなかったからです。編集長を名乗りましたが、スタッフは私1人（笑）。当時、40代、50代の一般女性の髪型を、こんなに美しく撮影して紹介できるのかと話題になり、サイトをスタートして半年で出版社からムック化のオファーをもらいました。大人女性の髪型について解説してほしいという講演依頼もたくさんきました。このサイトには撮影費、モデル代、サイト制作費など、数百万円かかりましたが、その後、その何倍もの仕事につながっていきました。

毎日の読書記録としてブログで始めた「書籍カバー周りにメモを書く日記」は、のちに新聞社のウェブサイトで連載にしていただきましたし、noteに書いた子育てブログを読んでエッセイを書かないかと言っていただいたことも何度かありました。

企画を持ち込むのが苦手なら、勝手にやってしまうのも一案です。書く練習にもなりますし、ちゃんと話題になれば、それが企画に成長することもあります。

## 仕事を失い続けるのがライターの人生。でもそれで良し

前に書いたように、**物書きとして生きていく人生は、「ほぼすべての仕事先を失客してきている」人生**です。

企画を持ち込むのも、そうしないと仕事が埋まらないからです。一切の**売り込みをやっていなかったら、おそらく、私は、食べていけない**です。

ですから、常にいまの仕事だけではなく、この先増やしていきたい仕事についても、頭の片隅に置くようにしています。

とはいっても、日々の仕事に追われていると（だいたい、常に追われています）、なかなか次の一手を考えられません。2年後、3年後のことを考える余裕がありません。

ただ、それを考えないと、将来が先細るのも間違いない。

そこで私は、遠い未来のことを考える時間は、先にスケジュールブロックしてしまうことにしています。

具体的には、編集者さんのアポを先にとり、その日までになんとか企画を考えるとか。尊敬している人や大好きな人との食事会を予定して、その日までに「私、来年、こんなことをしていたいんです」と話せる自分になるようにしていくとか。

そうやって、**自分のスケジュールをブロックして、その日までに企画や自分の将来について考える**ようにしています。


今年やっている仕事は、去年のいまごろ、種を蒔いておいたものです。

そうやって1年前に蒔いた種が、今日、花咲く。そして、今日蒔いた種が、来年くらいに花咲いているはず。そう思いながら、仕事をしています。


私が大好きな言葉。

「過去が咲いてゐる今、未来の蕾で一杯な今」（河井寛次郎）

CHAPTER

# 4

# 書く仕事に必要なマインド

私は、とくに温厚な人間ではないけれど、人が何をどう思おうと、まあ人の勝手だよねと思っています。そこはめっぽうドライなので、誰かの言動に腹が立つということがあまりありません。

でも、もうだいぶ前のことになるのだけれど、ある書籍編集者さんのSNS投稿を見て、指先が震えるくらい怒りに満ちたことがあります。

その投稿に書かれていたのは、こんな言葉でした。

「ようやくライターから原稿が届いたけれど、これが最初から最後までまったく使えない。でもまあ、よくあることといえば、よくあること。私はプロなのでここからリカバリーするだけだ」

個人を特定して糾弾したいわけじゃないから、一字一句同じではないけれど、だいたい、こんな感じ。私はお目にかかったことがない方だけど、ライターの友人いわく、よく知られた編集者らしい。お相手のライターが誰なのかは書かれていません。

私がこの投稿に怒りを感じたのは、この投稿を見て、病んでしまう書き手がたくさんいると想像できたからです。

物書きを殺すのにナイフはいらない。人一倍言葉に敏感な書き手は、言葉で死ぬ。二度と書けなくされてしまう。それをしているのが、同じ言葉を扱う編集者だということは、私は、悲しいし悔しい。そう思ったのでした。

そんな感情を自分が持っていたことに驚きました。というのも、それまで私は、ライバルは全員消えればいいのにと思うタイプの人間だったからです。

いやもちろん、病気すればいいとか、怪我すればいいなんて、そんなことは思わないけれど、妊娠して1年くらい休まないかなあとか、ご主人転勤になって海外行っちゃったりしないかなあ。そうしたら、あの人がやってる仕事、私がやりますって手を挙げるのになあって、念を送っていたよね。すごい嫌なやつだ。

でも、自分の子どもが生まれたとき、自分の子以外の子どももみんな元気で健康でいてほしいと思うようになったのと似ていて、これまで「人に何かを教えるなんて面倒なことやってられない。自分が学ぶだけでも時間足りないよ」と思っていた私が、ライター講座で生徒を持ったとたん、できるだけたくさんのライターさんが健やかで豊かなライター人生を送ってほしい、と思うようになりました。

だから、この投稿にものすごく腹が立ったのだと思います。

ただ、私がいくら悲しいとか悔しいとか腹立つとか思っていても、世の中は1ミリもよくならない。だからここで、「心を守りながら、健やかに書き続ける方法」について考えたいと思います。
書く仕事をしている人が、書けなくなるとき。心を病んでしまうとき。だいたい理由は3つに分かれます。
①人間関係の不安
②スケジュールの不安
③金銭面の不安
この章では、ライターの、おもにメンタルの整え方について考え、心身ともに健やかに書いて生きていく方法を探ります。

CHAPTER 4 で考えたいこと

Think 15 編集者とどう付き合っていく?
Think 16 disコメントにどう向き合うか?
Think 17 スケジュールをどう管理する?
Think 18 稼ぎを増やすにはどうすればいい?

*Think*

# 15

# 編集者とどう付き合っていく？

## ヒリつかないで。編集者とのディスタンス

編集者とライターは企画の最初から校了の最後まで（場合によっては販促まで）二人三脚するので、この関係にストレスがあると、仕事もしんどくなります。

逆に、この関係にストレスがなければ、少々内容がハードでもスケジュールがきつくても、毎日学園祭前日みたいなテンションで楽しく乗り切れたりします。

過去に、ものすごく大変な仕事がありました。上場企業52社の若手にインタビューし、それをまとめ、全企業の広報部に原稿チェックをしてもらい、赤字を反映して再納品するという仕事です。広報の方と、「いやでも、ここまでは書かせてください」「この表現ならOKでしょうか？」といったタフなやりとりをしなくてはいけないケースも多く、書いた原稿がまるっとボツになる企業があったり、全面書き直しになる企業があったりと、とにかくヘビーな仕事でした。

でも、そういった仕事自体の大変さとは別に、この仕事の間じゅう、ものすごく楽しくエキサイティングな時間を過ごせたことを覚えています。

それは、担当の**編集者さんとゴールをしっかり共有**できていて、「ここは、本の内

容を大きく左右するから、もう一度交渉を粘ろう」「ここは無理にこちらの原稿を通さず、先方の赤字をそのまま反映しよう」といったやりとりが、とてもスムーズにできたからだと感じます。**物理的な仕事量は、普段の書籍執筆の4倍くらいありましたが、心理的なストレスがほぼゼロ**だったのです。

このとき、**仕事の物量や大変さと、ストレスは全然比例しない**ということを学びました。コミュニケーションさえ上手くいけば、難しい企画でも楽しく感じる、むしろ難しい課題に対峙できることで、アドレナリンが出ることにも気づきました。

そして、できれば常に、こういう関係で編集者と仕事を進めていきたいとも思いました。そのために、自分ができることは何かと考えてみました。

## 2人の関係を安全なものにする

編集者との関係で一番大事なのは、「心理的安全性の担保」だと思います。

と、いきなり頭の良さそうな言葉を使ってしまったけれど、要は、「**気を遣わずに、いいものを作れる関係**」を構築すること。

もちろん、恋愛と同じように、**編集者とライターの間にも相性があります。**私が「めちゃくちゃ付き合いやすい」と思っている人でも、他のライターさんは「ちょっと苦手です」というケースはよくあります。これは、その逆もしかり。

ただ、相性はあるのだけれど、ある程度どんな相手でも最低限仕事をするには問題のない、良好な関係を構築することはできると思っています。

たとえば、**初めての仕事では、必ずゴールを共有**します。この仕事が、どんな状態になったら最高なのか。そのために、自分にはどんな役割を期待されているのか。そのあたりを、最初のミーティングですり合わせします。

そして、意識しているのは、**こちらから自己開示すること。**具体的には、「最終的に良いものができればいいと思っているので、仕事の進め方や、原稿に手を入れていただく（赤字を入れていただく）のは、まったく嫌ではありません。気になるところはなんでもご指摘ください」と伝えます。

あともうひとつ。私は比較的声がでかくて自己主張が強い人間に思われるので（ええ、その通りです）、「私は、思っていないことを言ったり（つまりお世辞を言ったり）、思っていることを言わなかったり（つまり腹にモノをためたり）しないタイプです。裏表はまったくないので、腹を探らなくていいです」的なことを、なるべく早いタイミングで、もう少しまろやかな表現方法で伝えます。

これを伝えておくだけで、ものすごくトラブルが減ります。

編集者と良い関係を築くと、気持ちが安定するだけではありません。何よりいいのは、**原稿に集中できる**こと。また、原稿に関してなんでもフラットに相談できると、赤字の出戻りも少なくなります。結果的に効率が良くなります。

そしてやっぱり、最終的な制作物の仕上がりが格段に良くなります。

## 原稿がダメ。それって誰のせいなのか？

この章の冒頭で話をした、納品当日に「こんなはずじゃなかった」とならないための施策も、具体的に考えてみました。（私がライターの場合）なるべくやっていることは、次のようなことです。いったん、書籍に関して書き出してみますね。

## 取材前・取材中

＊ 編集者のこれまでの仕事を確認する（ご自身が気に入っている、担当書籍を聞いて読んでおく）

＊ できれば書店で編集者と〝棚デート〟をする（どの棚に置かれる本なのか、競合はどの本になるのか、書店をふらつきながら、すり合わせをする）

＊ 取材帰りに編集者が「これは良かった。書籍の軸にしたい」と感じた項目を聞く

＊ 初稿は何割を目指してフィニッシュするかを相談しておく（私は7割程度の原稿でアップし、執筆中に生まれた疑問を追加取材して最終納品することが多い）

## 執筆前

＊ 構成案を出す（これは、メールだけでやりとりせずに、会って目の前で説明し、その場で別バージョンの可能性も叩くことが多い）

＊ テスト原稿を出す（語り口が重要そうな本は、テイスト違いで複数出す場合も）

＊ トンマナのチューニング（この時点では、なるべく赤字がいっぱいあったほうが、判断材料が増え、続きの原稿が書きやすい旨をお伝え）

**執筆中**

* 書いているうちに全体の構成に関わりそうな課題が出てきたら、つど相談
* 迷い始めたら、1章分など、ブロックで送って一度見てもらう
* 遅れそうな場合は、なるはや申告（いや、遅れちゃダメなんですけれどね……汗）
* 編集者や取材相手への追加質問が出てきたら、原稿に書きこむ

**執筆後**

* 初稿を取材相手の方に読んでもらったあとに、再取材↓再納品（することが多い）

## 編集者とライターはチームです——対等な関係

それでもやっぱり、まだ、ばちっと一発でハマらないことも多くて、それはライターとしての力不足を感じます。

ただ、どんな場合でも、**「編集者を信頼してなんでも相談できる」のであれば、それはリカバリーできる**と思います。逆に言うと、編集者にモノを言いにくい状態は、結

局、いいものが作れないことが多いのではないでしょうか。

これは逆もまたしかりで、私自身は編集者としては圧が強めなので、かなり気をつけないと、ライターの仕事と心をクラッシュしかねないという自覚を持っています。**編集者であるときは、細心の注意を払いながら、ライターに接して**います。

これは一概には言えないけれど、編集者とライターの力関係はえてして、「編集者＞ライター」になりがちです。これは発注者と受注者という関係があるからだけど、でも、本来はそうじゃないほうがいいものができるはず。

私は、**ライターとして仕事をするときは、なるべく背伸び**をするようにしています。それでちょうどいい具合に編集者と同じ目線になることが多い気がするから。私は、ライターで仕事をしているときのほうが、生意気度が2割くらい増します。

逆に**編集者のときには、ライターに言いたい放題言ってもらえたときに、いい仕事ができると感じるので、我輩の辞書に薄く浅くしか存在しない「謙虚な気持ち」を投入**するようにしています。

いずれにしても、**編集者とライターとの関係は、安全安心であることが一番大事**です。そのような心理的安全性が担保されるチーム作りをするのは編集者の仕事だと思う一方で、ライター側もただ受け身であるだけではなく、意識的にそういう関係をつくる努力をするべきだと思います。

この章の冒頭で、私は、とくに編集者側の暴挙を訴えました。

けれども同時に、ライターの卑屈だって問題です。何か問題があるときに、片方だけに原因があるということは、ほとんどありません。ライターはもっと自分の仕事に矜持を持ったほうがいいと思います。

昔、編集・ライター講座の講師をすることになったと伝えたら、信頼する編集者さんに、こんなことを言われたことを思い出します。

**編集がライターよりも立場が上だと思ってる編集者は全員駆逐していい。**

そして、**ライターは編集者よりも立場が下だと思ってるライターのその意識を駆逐してください。**

この言葉を、私は今でもとても大切にしているし、この本を読んでいるみなさんにも共有したいと思います。

Think

# 16

# disコメントにどう向き合うか？

## 避けては通れないｄｉｓコメントとの付き合い方

「自分の書いた原稿にｄｉｓコメントがついたり、Twitterで批判的なコメントを見つけたりしたら、落ち込んでしまって仕事になりません。さとゆみさんはｄｉｓコメントや低評価に対して、どう対処していますか。心が折れたりしませんか」

これは、私がやっていたラジオに届いた質問です。後輩のライターさんからも同じような質問をよくされます。ｄｉｓコメントが怖くて思うように原稿が書けなくなったという話も、残念ながらよく聞きます。

**ｄｉｓコメントとの付き合い方は、このＳＮＳ時代に文章を書くことを仕事にしている人が避けて通れない課題**だと思うので、ライター講座でもみんなでよくディスカッションします。

ここでも、この問題について考えてみたいと思います（注：ク◯リプという言葉は綺麗じゃないので、ここではｄｉｓコメントと書きますが、ｄｉｓコメント＝◯ソリプのことと思ってください）。

まず最初にエクスキューズ。

私がｄｉｓコメントにどう対応しているかについて本気で本気の話をすると「それはさとゆみはメンタル強いからだ」とか、「鉄の女」とか「不感症」などと言われるので、いったん、前置きさせてくださいね。


まず前提として、私は、書く仕事をできる限り長く、健やかな状態で続けていきたいと思っています。書き続けたいと思っているから、もちろん必要な努力はするけれど、しなくてもいい苦労はしたくない。心身ともに病みたくないし、苦しい思いもしたくない。

そして、**心身ともに病まずに長く書き続けていこうと考えるとき、この仕事の大敵はｄｉｓコメントになるだろう**ということは、想像がつきました。だとしたら、解決策を考えるしかない。


「ポジティブを心がける」とか「気合で乗り切る」みたいな、曖昧な立脚点を足場にするのは、見積もりが甘いと感じました。私のメンタルは比較的安定しているほうだと思いますが、それでも浮き沈みはあります。

だから、気合に頼るのではなく、**いつどんな状況でもｄｉｓコメントと適切に対峙できるメソッドを構築して身につけよう**と思いました。その上で、

①ｄｉｓコメントの存在に対する基本姿勢を決める
②ｄｉｓコメントを読むか読まないかの基本姿勢を決める
③ｄｉｓコメントで心を病まない方法を考える
④ｄｉｓコメントを因数分解して付き合うと決める

という思考の道筋をたどりました。順を追ってお話しします。

## 匿名の誰かの言葉に傷つくことで見失うもの

ｄｉｓコメントに関して、自分がどういう立ち位置をとるかを考え始めたとき、最初に思い浮かんだのが中学生時代に読んだ新井素子さんの小説です。

そのなかの1冊に、主人公の女の子の家のポストに、毎日「私はお前が嫌いだ」という手紙が届く話が出てきます。どこの誰に嫌われているかわからない。もちろん、主人公は落ち込み、仕事も手につかなくなります。

でも、そんな彼女をとりまく大人たちが、こんな声をかけるのです。

「キミのことをこんなに愛している仲間がたくさんいるのに、キミは僕たちよりも、その誰だか分からない人の言葉を信じるの？　それは僕たちに失礼じゃない？」

なぐさめるのではなく、むしろ、たしなめるように発せられたそのセリフに、私はハッとしました。

そうか。**どこの誰かもわからない人の言葉に傷つくことは、自分を大切にしてくれる人に対して失礼にあたる**んだな。

これは、当時の私にとって衝撃的な発見でした。

この本を読んで以来、私は、2つのことを決めました。

1つは、どこの誰かわからない、名前も名乗らない人の思い通りに落ち込んでやったりしない。**自分を嫌う人のために、自分の時間や心を奪われたりしないし、自分の生き方を変えたりしない**ということ。

そしてもう1つは、もし私が、**心を痛めることがあったときは、それは私が好きな人を傷つけたときだ**。そのときは猛烈に反省して落ち込もうということ。

さて、disコメントに対して落ち込んだり、書けなくなったりすることへの対処法は、この話に似ているなと考えました。

**disコメントをつける人のために書くのが怖くなってしまうということは、自分が嫌いな人の望み通りの自分になっているわけです。**

つまり、自分が一番嫌いな人に一番影響された人生を送ることになっている。だとしたら、自分を傷つけようとしている人のコメントには、時間と心のリソースを使わないと決めよう。

①の基本姿勢はこれでいこうと決めました。

次に考えるべきは、②です。disコメントはすべて無視するべきか、それとも読むと決めて心を守る方法を探るかを考えます。

## 心を守るためにdisコメントを冷静に分析する

私の場合、書いたものに対する否定的なコメントを一切読まないという選択肢はないと考えました。

普段私は、なるべく目を大きくあけて、できるだけ世の中を解像度高く見たいと考えて生きています。そうすると、いやでもｄｉｓコメントも目に入ってきます。それを避けて、薄目をあけながら恐る恐る前に進むという方法もありますが、あまり私の性格にあっているようには思えませんでした。

だとしたら、**否定的なコメントも読む**。

**だけど、いちいち落ち込まない方法を考える。**

この路線でいこうとなります。で、次に進みます。

では、③ｄｉｓコメントとどう付き合っていくか。

それを考える前に、そもそもｄｉｓコメントとは何かを定義しようと考えました。それは、**批判的なコメントがすべてｄｉｓコメントというわけではない**と感じていたからです。

批判コメントを目にすると、瞬間的に目をそむけてしまいがちです。でも、意外とそこは宝の山だったりします。山は言いすぎか。山ほどではなくても、ときどき、掘り出しものもあります。そういう掘り出しものは、編集者からもらう赤字同様、その後の物書き人生に役立っていきます。

そこでまず私は、**批判的なコメントを因数分解する**ことにしました。これには、AD時代の経験が生きました。

私、テレビの制作会社に勤めていたとき、朝から晩まで怒鳴り散らしている上司の下で働いていたんですよね。男性が部下につくと、容赦なく飛び蹴りをくらわせてしまうという理由で、ほとんどのプロジェクトで私がアシスタントについていました。でもまあ、女相手でも怒りっぽいのは変わらずなので、私はこの時期、自然と自分の心を守る術を身につけたのです。

具体的には、耳まで真っ赤にして怒鳴る上司の声を聞きながら、

「はいはい、要点は3つね。そのうち2つはたしかに私の詰めが甘かった。今から出せる解決策はAかB。もう1つは私の責任じゃない。Cさんに投げる」

と、**怒り成分をとりのぞき、事実だけを抽出して因数分解する**思考回路が、この時期に急成長したのです。

怒り成分をとりのぞくと、その上司の言っていることはきわめてまともで、私は彼から仕事相手への配慮の仕方や、予定調和の企画書はゴミだといった、とても大切な姿勢を学びました。

これだ！　批判的なコメントとも、こうやって付き合えばいいんじゃないか。

つまり、**コメントを因数分解する**のです。因数分解して、ゴミはゴミ箱に捨て、役に立つ指摘は懐に入れる。

## だいたいどれかに当てはまる、disの因数4パターン

批判的なコメントはだいたい以下の4つに分けられます。

① 文章の中で**主張したことについて、そもそも違う意見だ**と言われた場合
② **文章そのものが読みにくい**と言われた場合
③ 読者のほうにムシャクシャすることがあって、**誰でもいいから絡んでみたかった、**という場合
④ **本来届かなくてよい読者に届いてしまった**場合

1つずつ、考えていきましょう。

## disの因数①▼読者と筆者の意見が違う

まず、①の「意見が違う」とか「自分は反対のことを考えている」ケースは、これ自体に落ち込む必要はありません。

原稿を書くということは、主張を世に問うことでもあります。池に新しい石を投げて、そこにどんな波紋が起きるか、と考えながら書いている側面もあります。

**反対意見があるということは、そこに議論が生まれることな**のでいいことだと思うし、書き手としても全然考えたことのなかった意見をいただくと、新しい思考が生まれるので、それはそれで面白いと感じます。

ただ、注意しなくてはいけないのは、「私は、そんなことを書いていないのに、反論された」というケースです。

この場合は、自分が書いた文章が、どこかで誤読されています。読者に誤読が生まれるということは、なんらか文章の書き方を工夫すれば避けられたことです。こういったときは、**「誤解を生んだ場所はどこだろう」と、読み返して特定**するようにします。
ちなみに、こういうケースで誤読された文章を特定すると、一文が長くて誤読されているケースが8割くらいあります。

私が、「一文はできるだけ短く」「接続詞で因果関係をはっきりさせる」と、何度も言うのは、この批判的コメントを因数分解して分析した結果です。一文を短くすると、「いや、そんなこと書いてないけど」みたいな、不毛な絡まれ方が減ります（ゼロにはなりません）。

## disの因数②▼文章が読みにくい

2番目の「文章そのものが読みにくい」と指摘を受けた場合。

この指摘は大事で、少なくともライターとして書いている文章が読みにくいのは致命的です。ですから、やはり読み返して検証します。できれば、読みにくい部分がどこか特定して、自分で赤字を入れるといいでしょう。

ただし、**ライターとして書いた原稿ではなく、著者やコラムニストとして書いた原稿が苦手と言われたら、これはもう仕方ない**ので気にしないようにしています。

私は、ライターとして書いている原稿では読みやすさを大事にしています。が、著者やコラムニストとして書いている原稿は、意図的にクセを強く出しています。クレジットを見なくても、私の文章だとわかるとよく言われます。

文体や文章の運び方が嫌いというのは、好き嫌いの問題なので、お口に合わない方に届いてしまってごめんなさい。この方は自分の読者ではないのだな、と感じるだけで終わりにします。

## disの因数③▼読者側に問題がある

3番目はスルー一択。

こういうのは事故にあってしまったようなものです。こういう人にはSNSに「おはようございます」と書いただけでも、絡まれます。だから、私の責任じゃない。

腹を立てるだけアホらしいのですが、私はこういう事故にあったときは、「相手の方が元気になってくれればいいな」と成仏してもらう気持ちで手を合わせます。嫌な人に対して慈悲をかける義理はないのですが、「そんな慈悲をかけてる私って、いま徳を積んでる♡」と思えるので、マイナスがプラスに転じる気がするのです。

**ちなみに、①と②のケースは、SNSなどで発信相手がわかれば返信することもあ**

**ります。**その後の会話でやたら意気投合することも、ままあります。

ですが、**③のケースはスルー一択**です。というのも、こういう人たちは、自分が投げたゴミで相手が傷ついたり怒ったりしているのを見るのが大好物だからです。というか、それが見たくてdisっているのです。ですから、反応すると喜んで、第二弾を投げてきます。

本人に反論の返信をするだけではなく

「こんなコメントをする人がいます。みなさんぜひ、通報してください」

「こういう嫌がらせで、食事も喉を通りません」

みたいな投稿をするのも、とっても喜ばれます。なので、スルー一択。

もちろんブロックしてもいいのですが、ブロックする＝反応しているということを相手に知られることにもなるので、私はよっぽどではない限り、ただただスルーします（もちろん身の危険を感じるような絡まれ方は通報すべきですし、名誉毀損などの場合は、情報開示の手続きをとるべきです）。

泣き寝入りするのかと言われれば、そうかもしれませんが、泣いていなければ泣き寝入りではありません。こちらが1ミリも心を動かされないと決めれば良いのです（ここで『嫌な人に人生を左右されない』と腹落ちさせた基本姿勢が生きます）。

ただ、私は一石二鳥が好きなので、どれだけひどいゴミだとしても何かの役に立たないかなあと思ってしまうんですよね。なので、1秒だけ時間を使って相手の成仏を祈り、自分の徳を高めます。お賽銭みたいなものですね。で、あとはスルーです。

**disの因数④▼届かなくてよい読者に届いた**

私は、Amazonレビューの低評価を読むのがわりと好きなのですが、書籍に関しては、④「本来届かなくてよい読者に届いてしまった」が、まぁあります。

たとえば、「普段ファッション誌を読まない層に、ファッションの基本の『き』を届けたい」と思って作った本が、超ファッショニスタに届いてしまって「当たり前のことしか書いてなかった」と低評価を受けるといったケース。

こういうときは、「わーん、ごめんなさい。あなたのための本じゃなかったんです。お金と時間をかけてくれたのにごめんなさい」と心の中で謝ります。

「書籍に関しては」と書いたのは、雑誌やウェブ媒体は、想定読者がはっきりしているので、あまりこういった読者のズレが起こらないからです。

ただし最近はウェブ媒体も、元媒体を離れてYahoo!ニュースやLINEニュースなどに配信されるので、書籍同様パターン④のｄｉｓに遭遇することが増えました。

過去に、30代の女性向け媒体に書いた記事がYahoo!ニュースに転載され、「この筆者はなぜ女性のケースだけを書くのか。男性についても書くべきではないか。けしからん！」といったお叱りを受けたことがあります。

まあ、これは「知らんがな。あなたに向けて書いてないがな」と思うしかないのですが、でもまあ、このコメントを書いた人にも責任はないので、やはり目をつぶって成仏を祈ります。

ちなみに、Amazonに関していうと、**売れている本ほどレビューの評価が低い**という相関関係があります。

あまり売れていない本は、作家のコアファンにしか読まれていないので星5つになりやすい。けれども、売れている本は、ファン以外にも届く。というか、**ファン以外にも届いたからこそ、売れた**わけです。すると当然、「この本はタイプじゃない」と感じる人も多くなる。するとレビューが荒れ始め、低評価が増える。

以上の理由で、売れていない本ほどレビューが良く、売れている本ほどレビューが悪いという反比例のような相関関係が生まれるわけです。

もちろん、例外もあります。たとえば『嫌われる勇気』（ダイヤモンド社）はダブルミリオン（200万部）を超えていますが、レビューも多く評価もいい。そういう本もあるけど、一般的には反比例の関係になることがほとんどです。

## 「考える訓練」は心だって守ってくれる

ここに書いたことは、私の場合はこうするというだけであって、万人におすすめするものではありません。

ただ、**書くことを仕事にしていくときに、何度もぶつかる壁に対しては、早めに暫定解を出しておいたほうがいい**です。あとはPDCA（P＝PLAN　D＝DO　C＝CHECK　A＝ACTION）をまわして、自分の暫定解をどんどんブラッシュアップしていけばいい。

これは、なにもdisコメントについての対処法だけではありません。

落ちる前にガンガン石橋を叩く必要はありませんが、あなたが何度も通る橋に関しては、一度じっくり考え、暫定解を持って渡ったほうがいい。

たとえば、

・原稿料の交渉をどうするか
・赤字に納得できないときはどうするか
・スケジュールが重なったらどうするか
・仕事の断り方はどうするのか
・締め切りに間に合わなそうだったらどうするか
・ライバルに嫉妬する気持ちをどうするか

などなど。

よくぶつかる課題があるなら、早めに考えておくといいです。私は私の暫定解をこの本でシェアしていますが、みなさんも、自分に合った方法を考えてみてくださいね。そして、私にも教えてくれると嬉しいです。

*Think*

# 17

# スケジュールをどう管理する?

## 増えてきた仕事でパニクらないために ——進行管理術

人間関係に続いて、ライターのメンタルにきやすい、スケジュール管理について話をします。

この件に関して、私は自分のことを全然信用していません。仕事以外のことにはズボラで飽きっぽいし、すぐに楽なほうに流されるタイプです。「今年こそはＮＨＫラジオ英会話を聴くぞ」と思って11年目になりました。

そんな、自分のことをまったく信用していない私が、締め切りを守るためにどのようにスケジュール管理をしているかについてシェアします。

私は普段、並行して**書籍が5〜6冊、連載が7本、ウェブや雑誌の原稿が月に2〜3本、自分が取材を受ける仕事が月に2〜4本くらい**あります。これらを同時進行で管理しています。雑誌の原稿だけ書いていた時代は、一晩徹夜すればなんとかなる仕事もありましたが、今はそうもいきません。

なので、**締め切りを守るために、その日書いた文字数を数えて、進行管理する**ようになりました。

具体的には、原稿を書き始めたら**30分でアラームを鳴らすようにして、そのつど何文字書けたかカウント**しています。

インタビュー原稿でも書籍でも、書きやすいものであれば、30分で1000〜1500字くらい書けますが、調べ物をしながらでなければ書けないもの、不勉強なジャンルなどは、30分で400字くらいしか書けないこともあります。どんな原稿も、書き始めは時間がかかって、徐々にスピードが上がってきます。

これをやるようになってから、自分がどれくらいのスピードで原稿を書いているのか可視化できるようになったし、どのジャンルの原稿であれば時間がかかるのかが、わかるようになってきました。

仕事ごとに、**30分ごとのアベレージを出して、残り6万字なら何時間必要か、何日ブロックすればいいか、**などと考えながら、原稿を書いています。

私のようなズボラかつ、楽観主義者（見積もりが甘くなりがち）は、このように見える化することで、正しく悲観的（もしくは現実的）になれます。欲張って仕事を引き受けすぎて徹夜になることも減りました。

もうひとつ。スケジュールで事故らないために、私が先輩から教わって以来続けていることは、**「仕事がきたら一回だけ手をつける」**こと。

たとえばいま、A、B、C、Dという仕事があるとして。Aの締め切りが5日後、Bの締め切りが10日後、CとDの締め切りが2週間後という場合、まず30分でいいから全部の仕事に手をつけてみるのです。

すると、「これは、意外と時間かかるかもしれない」ということがわかったり、「思ったよりすぐできそうだから、完成させちゃおう」ということもあります。

それまで私は、Aの仕事を始めると、Aをぶっ通しでやる。終わってからB、と進めていたのですけれど、そうするよりも、いろんな事故が減るなと感じます。

## 自分でやるか。人に頼むか

時間を捻出するためには、自分でやること、人にお願いすることを決めることも大事です。

たとえば、私はテープ起こしを自分でしません。テープ起こしに限らず、以下はす

べての自製or外注の判断基準にしていることですが、

① 自分の時給よりも低い価格でお願いできるもの
② 自分がやる必要がないもの
③ 自分でやっても楽しくないもの

のすべてが当てはまったら、外注すると決めています。

②の「自分がやる必要がないもの」というのは、自分がやっても人がやっても、最終的なアウトプット（主に原稿）のクオリティに関わらないものと言い換えてもいいでしょう。

たとえば、テープ起こしは、この①②③のすべてに当てはまるので、私は、外注一択です。

「いや、自分でテープ起こしをしたほうが、取材への理解が高まるだろう。結果的に、原稿のクオリティにも関わるはずだ」と言う方もいます。

たしかに、取材中の音声を〝聞き直す〟ことは、私もとても重要だと思っています。

だから、音声は必ず聞き直します。

音声を聞くと、取材時には気づけなかったニュアンスや、文脈に気づくことがよくあります（悔しい！　現場で気づいていれば、もっと深い取材ができたのに……）。また、その人独特の言い回しや、言葉のリズム感を原稿に生かすこともあります。

でも、こういうことって、〝書き起こし〟ているときには、なかなか気づけないんですよね。なぜなら、テープ起こしは音声を止めながらタイピングするから。なので、**テープ起こしをする時間があれば、音声を2回、3回聞く**ようにしています。

## 上がらないモチベーションとの戦い

「書くことが好きか」と聞かれたら、結構、迷います。もちろん嫌いだったらこんな仕事はしていないけれど、締め切りが待ち遠しいと思ったことは一度もないし、「よっしゃー、今日もるんるん書くぞ！」なんて、絶対に思っていない。

「あと1日くらい手をつけなくてもなんとかなるかなあ」と思いながら、物理的に間に合うかどうかのギリッギリまで寝かせ、これ以上寝かせたら絶対に間に合わないという段階まで追い込まれてから、やっと書き出すダメ人間です。良い子は真似しないでください。ほんと、書こうと思うまでの腰が、重い。年々重くなっていく。

そんなとき、**「報酬予測誤差」**という言葉を知りました。

たとえば、日常的に長い距離を走る人。みなさんの周りにもいると思います。そういう人たちに、「走るのが面倒だなあと思うことはないの?」と聞くと、「走り始める前は、いつも面倒だなと思っている。でも、走り終わったときには必ず気持ちよくなっていることがわかっているから、走る」と言います。

この「始める前と終わったあとの、脳内のギャップが大きければ大きいほど気持ちがいい」効果のことを「報酬予測誤差」というそうです。

なんだか原稿書きと同じだなと感じました。

**原稿を書くときも、書く前はすごく面倒だと思っています。でも、書き始めると、頭が回転してきて楽しくなってきて、「うわあ、なんだよ。もっと早く手をつければ良かった」と思う。**もっともっと書きたくなるし、書き終わるのがもったいない気持ちになることすらある。よく、「やる気はやる前には出ない。やるからやる気が出るのだ」的なことを言われますが、まさにアレです。

最近は、私もいい歳になってきたので、締め切りのギリギリ感だけをモチベーションにするのではなく、「とりあえず、やり始めたら必ず気持ち良くなる」ことを信じて、つべこべ言い訳せずに、やり始めるようにしています（いまさら！）。

それでもテンションが上がらないときは、音声を聞いてトリガーにします。取材のときの音声を聞くと、現場での興奮が蘇ってきて、「ああ、この人の言葉を早く世の中に出して読んでもらいたい」という気持ちになります。

## 書き始められない……そんなときは

書籍のライティングは長丁場なので、モチベーション管理がとくに大変です。そこで1つ心がけているのが、**書籍の原稿は、キリの悪いところでやめる**ということ。たとえば、文章の途中、読点を打ったところなどでやめるのです。

原稿を書く仕事は、書き始めに一番負荷がかかります。でも、昨日まで書いていた文章がキリの悪いところで終わっていると、まずはその文章を書き上げるところからスタートできます。**書くことが決まっていることから始めることで、初速をつけるこ**

**とができる**のです。

そういえばこの間、塾の先生から、「受験生は1日を丸つけから始めよ」が常識だと聞きました。丸つけは負荷が低いのでスタートしやすい。それをやっているうちにエンジンがかかるというのです。ライターも同じですね。

## 病んだり、飛んだり、死んだりしないで

ところで、私は**自分のライター講座の一番のゴールを「病まずに一生書き続ける技術を身につける」**ことに置いています。

「飛んだ」という言葉を、この業界ではよく使います（嫌な言葉だ）。「ライターが飛んだ」というと、「原稿を書けなくなってバックれた」という意味です。

飛ぶ理由はいろいろあるのだろうけれど、「原稿が書けない」「間に合わない」「迷惑をかけて顔向けできない」といった理由で、いっそのこといなくなってしまえ、というところまで飛んじゃうのが、飛ぶ、です。

そんな無責任なと思うかもしれませんが、飛ぶ人は、真面目な人が多い印象です。真面目な人ほど鬱になりやすいという話と、近いのかもしれない。

私は物書きになる後輩のみなさんに、この、「**病む**」、「**飛ぶ**」、**そして**「**死ぬ**」**だけは、何がなんでも避けて欲しい**と思っています。

私は、これまで真面目に文章に向き合ってきたほうだと思うし、原稿も出来不出来はあれ、誠心誠意書いてきたほうだと思います。

でも、これは断言できるけれど、**命より重い原稿なんて、絶対にない**。

だから、「あー、これはもうどうしようもない」と思ったら、SOSを出す勇気を持ってほしいです。という前提のもとで、46ページではごにょごにょしていた締め切りについて、満を持して語ろうではないか。

私の師匠の一人は、ブックライターの上阪徹さんです。上阪さんは「締め切りに間に合わない原稿は原稿ではない」とおっしゃる方で、これまでのライター人生で締め切りに遅れたことがない方です。

私ももちろん、締め切りは大事だし、守って当たり前と思っています。本当は。

でもその上で、師匠ごめんなさい、編集さんごめんなさいで言ってしまうのだけれど、本当にどうしようもなくなったときは、第二の打つ手として「**締め切りは、破るものではなく、延ばすもの**」だと思ってほしい。

私のライター講座では、この言葉を全員で声に出してリピートアフターミーしてもらう。これは本当に、**物書きの命を救う魔法の呪文**だから、もう一度言うけれど、「締め切りは、破るものではなく、延ばすもの」です。

具体的には、書籍の原稿が1日遅れそうと思ったら、1週間前には連絡する。ウェブの原稿が2時間遅れそうと思ったら、2日前には連絡する。

**連絡なしにバックれない。**

何度も言いますが、本来、締め切りは守るべきです。そんなの、私だっていつもそうだったらいいなと思ってる。でも、万が一それができない場合も、最低限、連絡はする。これだけは、死守です。

そして、とにかく困ったことがあったら、一人で抱えず、SOSを早めに出して。誰も引き上げられないところまで沈んじゃダメだ。早めのSOSさえあれば、編集者はいろんな打つ手を一緒に考えてくれます。私が編集者の場合も、一緒に考えます。

だから、病んだり、飛んだり、死んだりしないで。

*Think*

# 18

## 稼ぎを増やすにはどうすればいい？

## 仕事はいつも「人」からやってくる――人脈の考え方

収入面の不安が減ると、メンタルは安定しやすくなります。無理なく働ける範囲で、仕事や稼ぎを増やしていく方法を考えてみましょう。

売り込み以外で新規の仕事を増やしたいときに、一番有効なのは、実は「現在の仕事を頑張ること」です。

仕事は、常に「人」からやってきます。だからこそ人脈が大事と言われるのですが、この人脈の意味を勘違いしている人は多い。たとえば、「私が、A出版社の編集長をよく知っている」は、人脈でもなんでもありません。

人脈が仕事に生きるとしたら、それは「こっちが相手を知っている状態」ではなく、**「相手に私が知られている状態」**、しかも「信頼できる状態」で「知られている」場合のみです。

だから、今すでにお付き合いがある人たちとの仕事をコツコツ丁寧にやって、その仕事相手に「信頼できる人」として認知され、その人（や仕事）を通して「知られる」ことが、結果的には仕事につながりやすいのです。

交流会やパーティーで名刺交換して「こんな仕事をしています」とアピールするのもいいでしょう。もちろん、それが仕事につながることもあります。でも、それ以上に、**今、すでに仕事をご一緒している方とのご縁で別の仕事が入ってくるほうが多い**と感じます。

## 仕事を呼ぶクレジット、選ばれるプロフィール

そうやって仕事が増えていったあとには、人とのつながりだけではなく、クレジットが仕事を呼んできてくれます。

編集者は、「この原稿はいいな」と思ったときに必ずクレジットをチェックします。そして、同じ人のクレジットを何度も見ると（つまり何度もいい原稿だなと思うと）、仕事を頼みたいと思うものです。

**書き手にとってクレジットは財産です。**ある意味、原稿料よりも大事だと言えるかもしれません。ですから、なんらかの事情でクレジットが入らないと言われたら、そこはちゃんと納得がいくまで話し合いをしてください。私は、クレジットが入らない

仕事は、5倍から10倍程度の原稿料をもらうようにしています。

さて、クレジットを見て、この人に仕事を依頼しようと思った編集者は、プロフィールもチェックします。なので、肩書きやプロフィールも重要です。

肩書きは、自分のキャリアに合わせて変更していっていいと思います。

私自身は、キャリアの前半15年は、ヘアライター、その後はライター／エディター、現在はライター／コラムニストと名刺に刷っています。

専門ライターであることをはっきり謳うことには、メリットもあるしデメリットもあります。**そのジャンルで第一想起されるライターになりたいのであれば、専門を冠につけて活動**するのも良いでしょう。

ただ私の場合、名刺に刷っている肩書きは、上記の通り変遷しているのですが、実際にプロフィールに記載する肩書きは、媒体によって変えています。

たとえば、ドラマ俳優の髪型を取り上げる連載では、

日本初のヘアライター＆エディター。20年弱のヘアライター人生で、約4万人、

200万カットのヘアスタイル撮影に立ち合う。

「美容師以上に髪の見せ方を知っている」とプロも認める存在で、日本はもとより、海外でも美容師向けの講演を行い、セミナーを受けた美容師はのべ3万人を超える。著書に、ベストセラーとなった『女の運命は髪で変わる』、『髪のこと、これで、ぜんぶ。』などがある。


と入れています。

一方で、主に経営者のロングインタビューを執筆しているビジネス媒体では、

年間8冊ほど担当する書籍ライターとして活動。ビジネス書から実用書、自己啓発書からノンフィクションまで、幅広いジャンルの著者の書籍を執筆。自著に、ビジネスノンフィクション『道を継ぐ』など。大企業にいながら一歩を踏み出した若手が集まるONE JAPANの『仕事はもっと楽しくできる』では、取材・構成を担当。元東京富士大学客員准教授。


と、同人物とは思えないプロフィールを載せています。

他にもいろんなプロフィールがあるのですが、意識しているのは、**その媒体の記事や連載を書くにあたって、一番説得力がある（もしくは興味を持ってもらえる）実績**

**は何か**と考えて、肩書きとプロフィールを書き分ける（絞り込む）ことです。

「記憶に残る幕の内弁当はない」と言ったのは秋元康さんですが、**物書き業界で、「全部できる」は、「全部できない」と同じ**だと思われてしまいます。なので、なるべくその媒体に合った、そして旗の立った経歴を入れ、あわよくば次の仕事につなげたいと考えています。

## 1本仕事が終われば、2本企画を置いてくる

仕事を増やすために、私はこれまで、「**1本仕事が終わったら（もしくはその仕事の最中に）、2本企画を置いてくる**」ことを意識してきました。

たとえば、ヘアページを担当していたときには、4月号の仕事をしながら、5月号の企画を2本置いてくるようにしていました。

この企画は、ヘアメイクさんや美容師さんと、4月号の打ち合わせをしているときに集めたネタで作ります。わざわざ企画書を書くというよりは「そういえば、最近こ

んな髪型が流行っているそうなんです。次回の企画にどうでしょう」というくらいのテンションで口頭でお伝えします。

この「企画を置いてくる」は、実は今でも続けています。

最近私は、あるビジネス媒体から、ロングインタビューの仕事をいただきました。それは連載もので、初めてその仕事をしたのですが、初回のインタビューの帰り道に「この連載内容だと、〇〇さんや、△△さんにインタビューすると面白い気がします」と、編集者さんにお伝えしてみました。

するとその数日後に、「〇〇さんへのインタビューが決まったので、ぜひさとゆみさんに書いてほしいです」と連絡がきました。

実は、これが、私にとってはすごくラッキーな出来事でした。

というのも、その後、最初のインタビュー原稿を提出したところ、「新人時代にもこんなに赤字をもらったことない」というくらい、ボロッボロに修正されて戻ってきたのです。普通だったら、私は二度とその媒体で仕事をもらえなかったでしょう。

でも、初回のインタビュー帰りに次回候補の提案をし、その仕事を頼まれていたので、首の皮一枚つながりました。1度目の仕事はボロボロでしたが、2度目の原稿を褒めていただき、この媒体では、いまでもお仕事をさせていただいています。

この「1本仕事が終わったら、2本企画を置いてくる」は、ライター講座でも、講座生によく伝えるのですが、「レギュラーが獲得できました」とか「リピート率が格段に上がりました」といった報告を受けています。

## 「言われやすい」人になる

もうひとつ、私が心がけていることがあって、それは仕事が終わったときに「どこが良くなかったかを編集さんに聞く」ことです。これは、ずば抜けて高い顧客リピート率を誇る美容師さんの話をヒントにしました。

その美容師さんのリピート率の高さの秘密は、2度目に来店したお客様に、「前回、どこがやりにくかったですか？　どこが困りました？」と聞くことにありました。つまり、**ダメだった前提で質問をする**んですよね。

これ、実際に客として体験してわかったのですが、気になることを伝えるのに、ものすごく心理的ハードルが下がります。

この「クレームというほどではないけれど、ちょっとした気になること」は、解消されると、とても嬉しい気持ちになります。そして、**普段どれだけ、「別に言うほどでもないか」と、ささいな違和感を言い逃しているか**ということにも気づきます。

で、思ったのです。

「これって、編集者とライターの関係も同じじゃない？」

この美容師さんの話に感化された私は、**仕事が終わるたびに「私の原稿や仕事の運び方で、もう少し意識したほうがいいところがあったら、教えていただけますか？」と、聞く**ようになりました。

最初は「いやいや、全然ないですよ。さすがさとゆみさんです」などと言っていた編集者さんも、「いや、強いて言えば、**強いて言えばどうでしょうか**」と食い下がると、「ああ、そうですね……強いて言えば……」と重い口を開いてくれます。

そして、「あれと、これと、そういえばこれも……」みたいな感じで、「どこが全然ないだよ！　あるあるだらけじゃないか！」というくらい、いろんな指摘をくださいます。

これはね、まあまあ、凹みます（笑）。まあでも一瞬凹みますけれど、私、それを言われないで「はい、さようなら。二度と頼まない」と思われるより、**指摘されて次も**

**仕事もらえるほうがいいんですよね。**

なので、今でも仕事が終わったら、「赤字とは別に、気になったことを教えてください」と聞くようにしています。

ちなみに、過去、指摘してもらったことで一番聞いて良かったと思ったことは「さとゆみさん、インタビュー中、服の上からブラジャーの付け根（胸の谷間にあたるところ）を触るクセがあるんですよ。あれ、結構ドキドキして気が散ります」というご指摘でした。

聞いてみるもんだ、と思いました。

## 単価を上げるには編集作業に手を出す

仕事をする時間は限られていますから、単価を上げる工夫も大事です。

たとえば、ファッション誌のライターとして、土日もなく働きまくっていた時期。この時期に「**原稿を書く仕事だけではなく、編集作業もできる人は、ページ単価が上がる**」ことを知りました。

ページ単価が上がるだけではありません。編集部はいつも人手が足りないので、**編集仕事まで丸投げできるライターになると、仕事の依頼が飛躍的に増えます。**

編集者としての仕事ができるようになると、たとえば、「じゃあ、100ページのへアカタログ1冊、350万円で作ってください（印刷費別）」のような仕事も引き受けることができます。ファッション誌で書いていた15年間のうち、後半の10年は、こういった「一人編集プロダクション」的な仕事をよく引き受けていました。

ちなみに、子ども向け学習教材などの、教育媒体でライターをしている友人からは、「このジャンルは文字数が少ない分、ライターしかできない人の需要はほとんどない」と聞きました。レイアウトラフを描くことができたり、漫画のラフやネームを書くことができたりして初めて仕事の発注があるそうです。

こういうジャンルでは、テキストしか書けないライターさんは、1文字いくらの仕事になってしまい、生計を立てられる仕事にはならないのだとか。

別の先輩ライターさんからは、ある大学の入学案内パンフレットをまるごと1冊引き受けているライターさんの話を聞いたことがあります。

その方は、もともと入学案内の1ページを担当するライターだったのだけれど、あまりに評判が良くてどんどん任される原稿の分量が増え、そのうちに、レイアウトも、撮影も、デザインも彼にお任せ……となって、しまいには、電通や博報堂などとの競合コンペを勝ち抜き、入学案内のパンフレットを一手に引き受けるまでになったのだとか。こうなると、単価はちょっと桁違いです。


ちなみに、ぜひやりたい仕事だけれど原稿料が見合わないと感じるときは、あっけらかんと交渉してみましょう。「普段はこれくらいでお引き受けしているのですが、もしご相談できるようでしたら！」と明るく元気に伝えると、意外と見直していただけることも多いです。

ポイントは、申し訳なさそうに伝えないこと。感情は伝播するので、こちらが申し訳なさそうにすると、相手も申し訳ない気分にさせてしまいます。スケジュール調整の連絡をするときくらい、さらっとあっけらかんと聞くのがいいですよ。

## 専門ライターになれば取材効率がいい

専門分野を持つことも、ひとつの道です。

私の場合、ファッション誌のなかでも、ヘアスタイルのジャンルに興味を持つようになり、ライターになって1年後から15年目までは、ヘアページを専門にしてきました。名刺には「ライター」でも「美容ライター」でもなく「ヘアライター」と刷り、**専門ライターであることをアピール**してきました。

**ジャンルを絞ると、取材前の下調べにかかる時間が確実に減ります**。一年中、ヘアスタイルのことばかり書いていれば、自然と業界の情報が集まってくるようになるし、その情報をいろんな媒体に企画として持っていくことができるので、企画を考えるのにも時間がかかりません。

また、専門分野があることで、いろんな仕事が舞い込みました。

1つは、当時はまだ珍しかったウェブサイトの編集長の仕事。ウェブで美容院の検索ができるサイトを立ち上げたベンチャー企業に、編集長として雇われました。

今では考えられないかもしれませんが、当時、雑誌の仕事をしているライターが、ウェブの仕事をすることは「都落ち」と思われていました。無料で読める記事を、プロが書くなんて……といった空気感です。でもこのとき、黎明期のウェブメディア（まだ、オウンドメディアという言葉すらなくて、ポータルサイトと呼んでいました）に関わったことは、本当に良かったです。この時期に、ウェブのお作法を知ったことや、簡単なコードを書けるようになったこと、エンジニアの人たちと会話ができるようになったことは、その後の仕事の幅をぐいっと広げてくれました。

他にも、ヘアコンテストの審査員をさせてもらったり、美容師さん向けに一般女性のニーズをレクチャーする講演をさせてもらったり、スタイリング剤の開発に関わったり。美容院のホームページ制作や、ブランディングのお手伝いもしました。

私はヘアスタイルの分野でしたが、たとえば

・ファッション専門ライターが、アパレル企業のトレンド分析会議に出たり
・人材系のライターが、企業の人事向けの講演会をするようになったり
・教育系のライターが、教育を考えるイベントで登壇したり

といった、ライターから派生した仕事をしている人もたくさんいます。

ただし、専門分野を持つことは、ライターの生存戦略のひとつだと思うのですが、落とし穴もあります。それが**「巨匠貧乏」といわれる現象と、その業界自体がすっぽり消滅するというリスク**です。

そういった、年齢とキャリアの変化については、CHAPTER 5で続けますね。

## うっかりじゃ済まない、命取り——タブーと仁義

さて、ここからは、書く仕事を続けるにあたって、私自身の「やっちまった」体験、編集者から「これは嫌だった」と聞いた話、友人ライターたちの失敗談などをお伝えします。

ところ変われば常識も変わるので、すべての現場でこれらがNGだとは思いません。ただ、こういうことを気にかけている人もいる程度の参考にしてください。

### ライバル媒体の掛け持ち

これは、どの程度のライバル媒体かにもよりますが、私は、完全なる対抗媒体の掛け持ちはタブーと言われて育ちました。ライターは、企画を作る段階から打ち合わせに深く食い込むので、**情報漏洩防止の意味合いもある**のだと思います。

ただし、ライバル誌であっても、片方では音楽ページを書いて、片方ではファッションを担当しているなどなら、そこまで気にしなくてもいいと言われることもあります。ファッション誌だけではなく、週刊誌、情報誌、そしてウェブ媒体でも、**もろかぶりのライバル媒体の仕事は、編集者さんとの信頼関係にも関わります。**そういった誘いを受けたら、**周りのライターに様子を聞く**といいでしょう。

## 進行中の企画の情報漏洩

**絶対NGです。**ただし、媒体サイドから、○日以降は情報解禁なので、**宣伝してくださいと言われたら、その場合はOK。**

最近では、カフェやコワーキングスペースでオンライン取材や打ち合わせをしている人を見かけますが、あきらかに情報がダダ漏れになっているのに気づいていない人もいます。進行中の企画の打ち合わせなどは、場所に気をつけて。

## 終了した企画の情報漏洩

書けなかった（先方から削除を求められた）内容などを、漏らすのはNGです。ただ、情報漏洩と取材秘話の開示は線引きが難しいところ。取材秘話を盛り込みながら記事を拡散すると読まれやすかったりするし、逆に喜ばれることもあります。

基本的には、オフレコ以外でかつ、取材相手の株が上がる秘話であれば、問題にはならないと感じますが、**自己判断は危険なので、迷ったら編集者に相談**を。

## 取材相手への直接連絡

編集者にそうしてほしいと言われたとき以外は、取材相手への直接連絡は避けましょう。著者や取材相手から直接連絡がきた場合も、編集者を通してくださいと伝えます。**書籍や記事に（内容的にも収支的にも）最終責任を持つのは、編集者**です。

## 企画の二重持ち込み

同じ企画を、別の媒体に持ち込むのはタブー。ただし**断られたあとならば、「では、別の媒体に持ち込ませていただきます」と伝え、スライド**して大丈夫です。

## SNSへの愚痴投稿

これ、いわゆるコンプライアンスや業界マナー的なタブーではありませんが、**確実に仕事が減ります。**

「SNSで、進行中の仕事について不満や愚痴を書くライターとは付き合いたくない」という編集者の声は、とてもよく聞きます。

「SNSに書くくらいなら直接伝えてほしい」「直接言われたら真摯に応えるし、言われて不愉快なんて思わない。ちゃんと話し合いたい」といったコメントも聞きました。

そのとき仕事をしている相手だけではなく、今後仕事をする可能性がある人にも、SNSでの振る舞いは見られています。

## やると喜ばれること

一方で、やらなきゃダメということはないけれど、やるととても喜ばれることは、こんなことです。

## 紹介に対するお礼や報告

以前、一緒に仕事をした取材相手や仕事相手と、別の場所で仕事をすることになったら、その人と引き合わせてくれた**最初の紹介者に連絡を入れ、最初のご縁をもらったこととのお礼**を伝えましょう。情報解禁ギリギリまで部外者に情報を伝えてはいけないこともありますが、少なくとも、自分がＳＮＳなどで拡散するよりは前に、お礼を伝えるメッセージを送っておくのがいいと思います。

## 別のライターさんの推薦

スケジュール等の理由で、自分がその仕事を受けられなかった場合、「その分野だと、このライターさんが詳しい」と思う人の顔が浮かんだら、**「もし、他にお声がけする予定の方がいないようなら……」と、推薦**してみます。もちろん、連絡先を伝える場合は、事前にそのライターさんに許可をとってから。

私自身、昔はほかのライターさんを紹介するなんて、ライバルを増やすようなものと思っていたのですが、売れっ子のライターさんは、みなさん「仕事の一人占め」をしない方たちだと知ってから、紹介に積極的になりました。

実際のところ、ライターの仕事は、Aさんの仕事が増えたから私の仕事がなくなるといった、野球のポジション争いのような仕事ではありません。不思議なもので、人に仕事を紹介すればするほど、次の仕事が入ってくるものです。

## SNSなどでのシェア

自分が関わった仕事に関しては、なるべく公開日から間をあけずにSNSで拡散するようにしています。これは**義務ではないけれど、編集者の立場に立つと、記事が少しでも目に触れるチャンスが増えるのは嬉しい**ことです。「フォロワーが少ないから」と躊躇する必要はありません。

SNSはプライベートで使っているから、仕事は切り離したいという場合は、別アカウントを作ってもいいと思います。これからますます、「拡散まで携わって仕事終了」という空気感は強くなると思います。

私の場合、**Facebookは**リアルの知り合いが多いので、**私が取材相手にどんな感想を持ったかなど、私自身が考えたことを書き足す**ことが多いです。

一方、Twitterでフォローしてくれている**人たちの多くは、私をリアルで知らない人たちなので、原稿の中身の面白いところを切り出す**ようにしています。Twitterは流れていくものなので、**時間を変えてリツイートしたり、1つの記事について何度かアップ**することもあります。

Instagramは、そこまで上手く使いこなせていないのですが、ハッシュタグを増やしたり、アップする画像に統一感を持たせたりしています。

CHAPTER

5

# とどまらずに
# 伸びていくこと

先日、若いライターさんに、こんなことを聞かれました。

「さとゆみさんは、自分の強みは何だと考えていますか？」

たとえば、インタビューとか、構成とか、コミュニケーションとか……と、彼女は続けます。

どうしてそれが知りたいのかと聞くと、自分自身がライターとして、今後どの方向性で勝負していくかを考えているからだと言います。

その言葉を聞いて思いました。私も、ずっとそれを真剣に考えていたなあって。

自分の手元にあるカードの、どれとどれを組み合わせれば最強になるのか。ポーカーで言えば、どのカードを捨て、次のカードを狙いにいくか。そんなことを毎日毎日考えて生きていました。

それで言うと、私の手持ちの能力のうち、一番強いカードは「メタ認知能力」だったと思います。

- この集団の中で自分はどれくらいの立ち位置にいるのか。
- 何番目くらいまでにポジション取りしておけば、仕事が途切れないのか。

・どれくらいの精度の原稿でアップすれば、リピートにつながるのか。

そういったことを、そうとう冷静に俯瞰して見ていました。


自分の力量を上にも下にも見積もらない。

人との実力差をきちんと見極める。

自分に期待しすぎないし、謙虚にもなりすぎない。

人と自分の仕事を一切の感情抜きで評価する。


雑誌のライター時代、一番気をつけていたのは、「ブレイクしないこと」でした。旬の人と言われないように、なるべく目立たないように気配を消していました。

流行ると、廃る。

雑誌の業界で、あの人ちょっと古いよねと言われるのはみな、大ブレイクした人たちばかりでした。だから、とにかく、ブレイクしないように気をつけてきました。

こういうところにばかり、頭が回る。だから、たいした筆力もないのに、20年以上もライターを続けてこられたんだろうと思います。

たいした筆力もない、と書いたけれど、これは本当に謙遜ではなくて、かなり正確にメタ認知して、そう思っている。私よりも上手いライターさんは、めちゃくちゃたくさんいます。

でも、書いて生きていくのに大事なのは、上手いことだけじゃない。

すごくすごく真剣に、死ぬまで書いて生きていきたいと思ってきたから、私はプライドなんて邪魔なものを持ったことないし、たまに原稿をｄｉｓられたとき辛くないですか？　と聞かれるけれど、ｄｉｓられたくらいで書くのを辞められるならもうとっくに辞めています。

ところで、メタ認知ができることの一番の強みであり弱みであるのは、自分の才能のなさを、自分が一番よくわかってしまうことにあります。才能がないのに、しがみつこうとしているから、しがみつくための戦略を考える。

これはもう、私の人生においても決定的な瞬間だったし、その瞬間の空気の流れやら湿度やらカチャカチャと鳴っていたお皿の音、彼自身と周囲のあれこれが混ざって生まれていた匂いまでくっきり覚えているのだけれど、私は私が人生で最も尊敬してもっとも愛したクリエイターさんに、

「お前は、自分に才能がないことがわかってしまうくらいには、頭がいいん

だよなあ」と、ため息をつかれたことがあります。

心から尊敬して、心から愛していた人に言われる、このたぐいの言葉は、呪いだ。その呪いを自分なりになんとか〝やわし〟ながら20年生きてきました。そう、わかってる。わかってるから、才能がなくても生き残れる方法を考えてきたんだって。

と、ここまでのことが、その若いライターさんに質問されたとき、ものの数秒の間に頭にめぐったことでした。どうして数秒でこれくらいのことを思い浮かべることができたかというと、ここまでは私がこれまでのライター生活でくり返しくり返し考え尽くしてきたことだからです。

と、それで終わりであれば、それで終わりの話なんだけど、でもこのとき、数秒でここまで考えた後、頭に浮かんだ言葉は結構真逆のことで。

もう、メタ認知はやめた、だったんですよね。

上手いとか下手とか、もうどうでもよくて、戦略とかどうでもよくて、このレベルにならなきゃこういった発言できないとか、私レベルの書き手がこんなことを言うなんてとかもう全部全部、どっか、いけと、思ったわけです。

いま、私は、書きたいことがいろいろあって、吐きたくて仕方ない。


20年以上のライター人生のなかで、「自分のほう」にこんなに書きたいことがあるなんて経験は、初めてです。

いや違うかもしれない。今までもあったのかもしれない。

だけど、私レベルの書き手が自分の名前で偉そうに何かを語ることをやれるはずがない、みたいに思っていたんですよね。そういうことをやっていいのは、一部の才能がある人たちだけだと思っていました。


でも、ふとしたきっかけで、コラムやエッセイを書かせてもらうようになったら、それが本当に楽しかったんです。ライターの仕事とはまた別の、自分の脳内をまさぐって書く行為は、本当に楽しい。

価値があるとかないとかもうどうでもいい。才能がどうとか、上手いとか下手とかもうどうでもいい。そうやってグダグダやってるうちに人は死ぬし、どうせ死ぬなら、上手かろうが下手かろうがもうだいたい些事だろ?


これまでは、10年後もライターをやっているためにとか、70歳になっても書き続けられるためにとか、いろいろ考えてきました。

でも、10年後のことを考えるあまりに、いま書きたいことを書かなかったら、なにのための戦略だ？　と思うようになりました。来年のために今年を出し惜しむような生き方はもう、したくない。

なんですかね。突然たぎっているし、羽ばたきたくなっているのですけれど、風の時代だからでしょうか。それとも近々私、死ぬんでしょうか。ああ多分、残りの人生で書ける文章の量が、見えてきたからかもしれません。

あと何冊書ける？　あと何本書ける？　そう考えたら、残されている時間は、そこまで長くない。

折しも、先日うちに遊びに来てくださった大好きな編集者さんが、「さとゆみさん、最近、書籍ライターとして、ものすごく仕事頼みにくい感じになってきてますね」と話してくれました。

薄々、そうかもしれないと思っていました。

ライター養成講座で教え、自分の名前でコラムやエッセイを書いて、著作もあって、そして今は、こんな偉そうな本まで書いています。

「業界で細く長く生き残る」ことを一番に考えるのだったら、多分、こういう本は書かないほうがいい（笑）。こんな「裏方」、目立ちすぎて使いにくくて仕方ないだろうと、思います。これまでそう思われることを一番恐れてきたし、気をつけてきました。
だけど、もう、そういうことも全部、考えるのやめたんですよね。これまで、緻密に練ってきた戦略のちゃぶ台を返して、いまは、コラムもエッセイももっと書きたいし、もっと上手く書けるようになりたい。

もっと上手く書けるようになりたいって思うまでに、私、20年もかかっちゃった。

この章では、年齢とともに、どのようにキャリアを形成していくかについて考えます。また、ライターで培ってきた技術を生かして、コラムやエッセイなどを書き、作家として生きていく方法について考えていきます。

CHAPTER 5 で考えたいこと

*Think 19* 年齢や生活に合った働き方とは？

*Think 20* コラムやエッセイの仕事をするには？

*Think 21* 書く仕事で生きていくとは？

*Think*

# 19

# 年齢や生活に合った働き方とは？

## 気づけば、「巨匠貧乏」の落とし穴にはまっていた

原稿を書く以外の仕事も増え、調子に乗っていた私でしたが、13年目くらいのとき、「あれ、このままだとちょっとやばくない？」と、思うようになりました。

というのも、あっという間に30代後半。一緒にページを作ってきた編集者さんたちも、気づけば副編集長、編集長と出世して、自分はページを作らない人になっていっています。

いつのまにか、負担が少ない「天国ページ」や、タイアップ（広告）の仕事ばかり増えていることに気づきます。「もっと細かいページもやりたい」と伝えると、「ゆみちゃんみたいなベテランが細かいページをやっちゃうと、新人がやるページがなくなっちゃうでしょ」と諭される始末。

うわああ。やばい、と思いました。これが世に聞く「巨匠貧乏」というやつか。キャリア13年。自分ではまだまだ新人。いや、新人というのはおこがましいかもしれないけれど、中堅だと思っている。でも、ファッション誌のような若い編集者が多い編集部では、私はもう十分にベテランになってしまっていたのです。

そういえば、先輩のライターさんたちが、「ファッション誌・40歳定年説」について話していたのを聞いたことがあるなあと思い出しました。**付き合う編集者がどんどん偉くなっていく。若い編集者は、自分と同じくらいの年代のライターと組んだほうが息が合うから、ベテランライターは、どんどん干されていく。**20代のころは気にも留めていなかった「40歳定年説」だけれど、そのときになって、ひしひしとリアリティを持つようになったのです。

焦った私は、ファッション誌以外にも、書ける場所を探さなきゃと思うようになりました。

## 舞台を移す――雑誌から書籍へ

とはいえ、どうすればいいのかわからなくて、もやっとしながら仕事を続けていたとき、たまたまデザイナーさんが、上阪徹さんの『職業、ブックライター。』という本を紹介してくれました。

それまで私は、書籍にライターが入っているなんて、思ってもいませんでした。あの社長も、あのアイドルも、自分で原稿を書いていると思っていた。いま考えると、新聞や雑誌の記事はたいてい記者やライターが書いているのに、書籍だけ本人が書いていると思い込んでいた理由が謎なのですが、当時はそう思っていたわけです。で、興味を持ってその本を読んでみると「やばい。私がやりたかった仕事、これかもしれない！」と、鳥肌が立ちました。

それまで漠然と書籍の仕事には憧れてきたけれど、自分に作家や小説家になる才能があるとは思えなかった。でもどうやら、この**ブックライターという職業は、作家じゃなくても書籍に関わることができそう**だと感じたのです。

ファッション誌に比べ、活躍しているライターさんたちの年齢層が高そうなことも魅力でした。

38歳の冬。私は、書籍ライターに転向することを決めました。

同じ出版業界でも、雑誌畑と書籍畑はほとんど接点がありません。

私はその後、会う人、会う人に「書籍の仕事をしてみたいんです」と話をするようにしました。

すると、そのうちの一人がそれを覚えていてくださって、「来週、上阪さんとご飯にいくけれど、一緒にくる？」と、誘ってくださったのです。上阪さんはちょうどそのとき、ブックライターを育てるための塾をスタートしようとされていて、私は1期生としてその塾に通いました。

その後、**いろんな企画を持ち込んで、書籍の仕事を増やしていったのは、**前に書いた通りです。

## ライフステージの変化と働き方

私が書籍ライターを目指したのは、子どもが2歳のときでした。

それまでのファッション誌やヘアライターとしての活動は、早朝からの撮影、美容院の営業が終わってからの夜の打ち合わせ、地方でのセミナー講師の仕事などが多かったので、必然的にベビーシッターさんに頼ることが多かった。

でも、書籍の仕事は、取材日がそこまで多くなく、家で仕事をすることが増えます。そうなると、子どもが保育園にいる間だけで、ある程度仕事に目処をつけることもできます。子どもが小さいうちは、書籍の仕事のペースが、生活ともマッチしやすかったと感じます。

私の周りにも、子どもが生まれてから、書籍の仕事を増やしたというライターさんが結構います。出産や子育ては、本当は男性が女性がという役割分担をしたくない分野ですが、現実的に赤ちゃんがお腹の中にいる時期や、子どもが小さい時期は、どうしても母親側の負担が大きくなります。

そんな時期でも、**仕事の量をゼロにするのではなく、自分や子どもの体調に合わせながらできる、このフリーランスライターという仕事はいい仕事**だなと感じます。これは、結婚・出産・育児などのライフイベントによって、どうしても生活が変化しやすい女性にとっては、とくに重要なポイントだと感じています。

## 産休・育休と収支のバランスは考え方次第

本筋から少し離れますが、子どもが小さいとき、どんなふうに仕事をしてきたかは、よく聞かれる質問なので、ここでお話しします。

基本、子育てに関しては、「夫婦がやりたいようにする」が一番だと思っています。

人にどうこう言われることじゃないし、私も好きにしました。という前提の上で、ですが。

私の場合、産後2週間で最初の打ち合わせと講演用のVTR出演をするために3時間外出したのが復帰初仕事でした。産後2ヶ月くらいから徐々に普段の半分くらいまでゆるやかに仕事量を戻し、生後半年くらいからは、それまでのペースの8割くらいのイメージで働くようになりました。

子どもは5月生まれだったので、保育園に入るまでの11カ月間は、母とベビーシッターさんにずいぶんお世話になりました。

稼いだお金が、ざくざくシッター代に消えていく話をすると、「え？　何のために働いているの？」と言われることもあります。でもそう言われるたびに、「**プラマイゼロで実入りゼロ」なことと、「働かないので収入ゼロ」は全然意味が違う**と思っていました。

フリーランス仕事の場合、週に1～2日程度（1日数時間程度）レギュラーの原稿を書き続けるだけでも、復帰後の仕事の安定感が全然違う気がします。

結果的にですが、子どもを産んだ次の年が、過去最高の売り上げだったことを思うと、私の場合、長いブランクをとらないで良かったなあとも思います。

それに加え、私の場合、24時間子どもと一緒の生活に、一瞬で音を上げたこともありました。

仕事が嫌いな人の心理はあまりよくわからないけれど、24時間言葉が通じない赤子と過ごすことよりハードな仕事はあまりないと思う。週に1～2日、言葉が通じる大人と会話するだけでも精神状態はだいぶ安定しました。

個人差のあることだから、みんながみんな、産後早く復帰するのがいいとは思いません。

だけど、

**・「プラマイゼロで実入りゼロ」と「働かないので収入ゼロ」は意味が違う**
**・100パーセント復帰か100パーセント育児か、の間には、20～30パーセント復帰という選択肢もある**
**・24時間、日本語しゃべらない赤子の世話は、結構しんどいよ**

ということは、お伝えしたいと思います。

## 自著を出す ――ライターが著者にもなる

書籍のライティングの仕事をするようになって、ひとつ、大きなターニングポイントがありました。それは、自著を出したことです。

それまでも美容師さん向けの専門書は書いたことがありましたが、一般の読者向けの本を自分の名前で書いたことはありませんでした。

自著を出すことになったのは、偶然です。

当時、書籍ライターとして仕事を増やしたかった私が、「ここの出版社で書けるようになりたいなー」と思う出版社がありました。その出版社で「本気で著者になる出版ゼミ」なるものが開催されたのです。

講師は有名な編集者さんたちばかり。「これに参加したら、この編集者さんたちと知り合いになれるかも」と下心満載で、「本づくりのノウハウを教えてください！」と志望動機を書いて応募しました。著者になる気はまったくありませんでした。

ところが、実際にそのゼミに通い始めたら、「君も企画書を出しなさい」と言われました。「えええ、私が？　何が書けるだろう……」と思いながら提出したのが、15年のヘアライター生活で学んだ、ヘアケアやヘアスタイルについての企画書です。それを気に入ってくれた編集者さんに勧められ、本を書くことになりました。

このときは、自分が著者になるなんて思ってもいなかったし、どうやって書き進めれば良いかイメージがわきませんでした。そこで、普段自分が書籍のライティングでやっているように「素材」があれば書けるかもしれないと思って、編集者さんにそう相談しました。

具体的には、ライターさんに10時間ほどインタビューをしてもらい、そのテープ起こしをもらう。そして今度は私がライター気分で、「佐藤友美さんという著者の主張を、わかりやすく翻訳するぞ」というイメージで、書き進めたのです。

このやり方が良かったのか、この本は、たくさんの方に読んでもらえました。それまでもヘアは専門分野でしたが、この本を書かせてもらったことにより、業界内だけではなく、一般にも専門ライターとして広く認知されたように思います。

また、自分で一冊書いたこと、そして本の販促にも関わった経験は、その後、自分がライターとして著者さんの本を書くときにも役立ちました。

## 「幸せな仕事」になる、仕事の選び方

自分の24時間を何に懸けるかを考えることは、とても大事だと思います。だから、仕事の選び方を考えるのも大事。他の書き手の方から聞いた話で「なるほど」と思ったのは、①**一緒に仕事する人** ②**テーマ** ③**報酬**。この**3つのうち2つをいいなと思ったら引き受ける**、という話です。

たしかに、私自身も今まで、この3つのうち2つがいいなと思った仕事は、最後まで楽しくやれることが多かった。逆に、3つのうち1つしか当てはまらない仕事は、ストレスがかかることが多かったように思います。

他のライターさんに聞いてもこの「3つのうち2つ理論」は納得！ と言う人が多かったです。

では、私自身はどのように仕事を選んできたかというと、ライターになって15年目くらいまでは、**頭数が少ないものを優先して引き受ける**ようにしてきました。「頭数が少ない」とは、その仕事をやりたいと思っている人の人数が少ない、という意味です。たとえば、

・人気がある媒体より、これから立ち上がる媒体
・納期が早いもの、原稿料が低いもの
・スタッフが少なくてきつそうなものなど

275ページで書いたように、当時は「都落ち」だと思われていたウェブ媒体の仕事を受けたのも、このルールにのっとってのことでした。

というのも、私自身、自分が原稿で勝負するタイプのライターだと思っていなかったので、「人気媒体で凄腕のライターたちと文章だけで評価されるのはハードルが高すぎる」と思ったからです。評価される気がしなかった。

でも条件が厳しい仕事は、少し工夫をするだけで喜んでもらったり、アイデアを問われるので企画勝負できたりします。原稿以外で評価される場所で書くほうが、私には向いていると思っていました。

子どもができたり、自分自身も年齢を重ねて体調第一になってきてからは、納期が短い仕事や、深夜早朝の仕事はなかなか厳しくなってきています。が、いまも**直感的**に「**自分が生かしてもらえるかどうか**」**を考える**ことが多いです。

Think

# 20

# コラムやエッセイの仕事をするには？

## まさかのコロナで仕事が減った――予期せぬ社会変化に対応するには

さて、ここまできて、コロナの話です。

これは書く仕事に限らないでしょうが、このコロナ禍で私たちは働き方について考え直すことを余儀なくされました。パンデミックに限らず、こういった「**これまでの生活が一気に変わる**」**ことは、これからの人生で何度も起こりうる**と感じます。

そこで、この緊急事態のなか、私やライター仲間たちがどんなことを考え、仕事のやり方を変えていったのかも紹介します。

コロナ禍で変化したことは、こんなことでした。

---

①撮影や対面取材がしにくくなった
②取材や打ち合わせがオンラインに切り替わった
③特定のジャンルの仕事が減った
④取材なしで作れる記事が重宝されるようになった

---

①と②は、同じことの裏返しです。書き手にとって一番大きな影響は、②が進んだことではないでしょうか。

取材に関しては「やっぱり、対面じゃないと聞けない話もあるよね」といった空気も感じます。ただ、編集者との打ち合わせはオンラインが格段に増えました。つまり**取材本番以外は、ほぼ自宅でテレワークできる仕事になってきた**というわけです。

その結果、何が起こったかというと、ライターの都心部からの流出です。コロナ以降、東京を離れたライターの友人が何人もいました。

もともと地方で仕事をしていたライターさんたちも、オンライン時代になって、ずいぶん働きやすくなったと口をそろえます。

私自身は、子どもが小学校を転校したくないというので、今のところ東京に住んでいますが、この原稿は子どもの夏休みに合わせて、北海道の実家で書いています。

この2週間で、7本の打ち合わせと取材がありましたが、すべてオンラインでした。ゲラチェックもありましたが、北海道にゲラを送ってもらい、赤字はスキャンして送ることで十分対応できました。

これからは、「**住みたい場所に住みながら、ライターをする**」という**働き方が、かなり現実的になっていく**と感じます。

③の「特定のジャンルの仕事が減った」に関して言うと、たとえば、映画や演劇、音楽（ライブ）などを専門にしていたライターさんは、とても大変そうでした。外食産業やアパレル関係の仕事も、一時期は一気に仕事が減ったと聞きます。

ですが、**活躍しているライターさんは、どんな状況でも仕事を生み出す力を持っているものです。**

自分が活動する業界を盛り上げる記事を書いたり、映画が難しければネットフリックスの話題作について書き始めたり、一気に増えた通販サイトのライティングを請負ったりと、人が動いた先に活動の場をピボットさせていった人たちの姿を見て、私も励まされました。

## 仕事を生み出せる人は生き抜ける

私自身はというと、書籍ライティングの仕事はそこまで影響を受けませんでした。が、休業や時短営業する美容院が増えるなか、ヘアライターとしての地方セミナーや審査員の仕事などはキャンセルが相継ぎ、その分の時間がぽっかり空きました（収入もぽっかり減りました）。

そこで、その時間を使って、オンラインで全国の美容師さんに取材をしてみることにしました。コロナ対策はどうしているのか。休業中の従業員の給料はどうする予定か。今後どんな借入計画をしているのか……などなど。日本だけではなく、世界各国で働く美容師さんを紹介してもらい、ロックダウンが始まった国の美容院事情を聞いたり、通常営業をしている国の施策について聞いたりしました。

3日間で60人ほどの美容師さんの話を聞き、「これは記事になりそう」と思った私は、「原稿料はいくらでもいいです。PVを見てから判断してくださってもいいです。10本くらい書けるネタはあります」と、美容師さん向けの専門媒体に企画を持ち込みました。

速く出すことに価値があると思ったので「もし、明日までに判断してもらえなければ、別の出版社に持ち込みます」ともお伝えしました。正直なところ、「どこも採用してくれなければ自分のブログでアップすればいいか」と思っていましたが、この記事を読みたい人は多いはずという確信があったので、強気の発言をしたのです。

翌日には「原稿料はなんとかします。いますぐ書いてください」と言っていただき、2カ月半の間にその媒体で8本の記事を書きました。

連載を進めながら、持続化給付金が出るとなったときは税理士さんに解説していただいたり、コロナ鬱が話題になったときは心療内科の先生に取材をして「スタッフを鬱から守るために」といった記事を書きました。

お客様から美容師さんへのエールを集めて掲載したこともあります。この連載は多くの人に読まれ、その媒体で年間ランキング1位のPVを獲得しました。

このときの仕事を通して気づいたことは2つあります。

1つめは、やはり、**需要をとらえる相場感が大事**だなということ。

当時、コロナで続々と美容院が休業や時短営業を決めるなか、美容専門雑誌は、それでも「ヘアカラーの方法」や「リピート率を上げるには」といった、これまで通りの記事しか出せていませんでした。撮影から出版まで1～2カ月かかる媒体は、速報記事を出せる仕組みを持っていないのです。

でも、どう考えても、その時期美容院に勤めている人たちの最大の関心ごとは、ヘアカラーや新規集客ではありませんでした。

急な需要に素早くこたえるには、小回りがきくライターのほうが良かったりします。記事を読んでくださった美容師さんたちから、「絶望的な気分になっていたけれど、この記事を読んで頑張ろうと思えた」とか「他の店の金策を参考にして、うちの美容院もなんとか持ち堪えた」などの感想をたくさんいただき、「本当に書いて良かった」と自分でも思える仕事になりました。(いま振り返ると、このときの仕事は、限りなくジャーナリストの仕事に近かったと感じます)。

気づいたことのもう1つは、先ほどの、④「取材なしで作れる記事が重宝されるようになった」にも関わります

私がこの仕事を進めているころ、コロナ禍で、**コラムニストやエッセイストの友人たちから、仕事が爆増している**という話を聞きました。

媒体はコンスタントに記事を出していかなければなりません。しかし、この状況では取材もままならない。そこで、コラムニストやエッセイストに仕事を頼んで、ページを埋めるという状況が、どの媒体でも発生していたのです。

前述した私の企画があっさり次の日に通ったのも、「撮影の必要なし」「完成原稿が納品されてくる」という条件がそろっていたこともあったでしょう。

「あれ? ひょっとしたら、コラムやエッセイを書けるようになったほうがいい?」

「自分の名前で連載できる場所を持っていたほうがいい?」

これが、この仕事を通して私が気づいたことの、2つ目でした。

これまで私は、企画を持ち込むことはあるにせよ、基本的には企画会議に通ったあ

とに、改めてライターとして「依頼されて」仕事をしてきました。

でも今回のコロナ情報の連載のように自分の名前で書ける枠を持っておけば、毎回依頼されなくても書くことができる。そう、気づいたのです。

先に書いたように、コロナでライターの働き方がずいぶん変わるだろう。これからは東京にいるアドバンテージもほとんどなくなるかもしれないという状況の変化もありました。

将来的に、**どんな場所で書くことになったとしても（たとえそれが地方じゃなくて、海外だったとしても）、自分の名前で書ける場所を持つことは、これからの人生の選択肢を広げてくれる**ように思いました。

いまは「転校したくない」と言う小学生の子どもだって、10年もすれば一人暮らしするようになるでしょう。そのとき、私は、より「自由」でいたい。選択肢がいっぱいある状態でいたい。そんなふうに思ったのです。

## ライターからコラムニストへの橋を渡る——近くて遠い仕事

「連載を持ちたい」と思ったのと、「じゃあ、コラムやエッセイを書ける作家になろう」と思ったのが、どっちが先だったかは、いまとなっては定かではありません。

ただ、これまで書いてきたように、私は「ライター」という職業と、コラムニストやエッセイストのような作家業は、まったく別の職種」と考えてきました。

63ページの三角形でいうと、ライターの仕事は②「わかりやすい」ことまでで十分成立する。でも、作家の仕事は③「面白い」ことにチャレンジする仕事だと考えていました。人と違ったものの見方が必要だと思うし、その人らしさや、感性も必要でしょう。だからこそ私はこれまで、③の領域は「捨てて」、ライターとして長く書き続けることができる職人であろうと思っていたわけです。

ただ、20年以上ライターを続けてきて「このやり方だったら、私にも、コラムが書けるかも」と思ったシーンが2つほどありました。

その1つは、**専門分野で自分の意見を書く**こと。私の場合はヘアスタイルの分野。ここに関しては、人の意見をまとめるだけではなく、自分の意見も表明できると感じたことが何度かありました。

もう1つは、**「お題をもらって、それについて調べる」といった、限りなくライターに近いフローで原稿を書く**ケース。

当時私はある媒体で、与えられたテーマに即した本を読んで、感想を書く原稿を毎週納品していました。今月のお題は「料理」とか、今月のお題は「女友達」とか「不倫」とか……。これが、意外と楽しかったし書きやすかった。お題が決まっていることを調べて書くのは、普段のライター仕事に近いと感じたのです。

この2つのような書き方（つまり①専門分野の原稿　②お題があって調べることから スタートする原稿）なら、ゼロから自分で考えたことを書く必要がない。特別な才能のない私でも、コラムを書けるかもしれないと考えました。

友人のライターのなかでも、コラムを書くようになった人たちは、だいたいこの①か②のルートを通っていました。

「コラムの連載を持てるようになろう」と目標を決めた私は、そのとき一番書きたかった媒体で連載を持っている先輩コラムニストさんに連絡をして、どんなコンテンツだったら受け入れてもらえそうか相談にのってもらいました。

そのなかで「やってみたいかも」と思ったのが、「ドラマ評」です。ステイホームの影響で、いろんな媒体で「ドラマ評」の連載が増えていました。その媒体にはドラマ評の連載がなかったので、この枠なら採用してもらえるかもと思ったのです。

ただ、私自身、ドラマに詳しくありません。真っ向からドラマ評を書いても専門家の人たちみたいな文章は書けません。

そこで考えたのが、「ドラマの登場人物のヘアメイクを解説する」というものでした。これだったら私でもできそうだし、むしろ私以外の人はやらなそう。女性媒体なら需要もありそう。それに、ヘアスタイル解説なら、過去作品を観なくても、ドラマの筋がいまいちわからなくてもなんとかなりそうという目算もありました。

そこで、前述のコラムニストさんに編集部の方を紹介していただき、企画を持ち込みました。そのときに採用され、いま連載しているのが「さとゆみの『ドラマな女たち』ヘア&メイクcheck」（「mi-mollet」講談社）という連載です。

この連載をスタートして3カ月くらいたったとき、別のビジネス媒体の編集長からご連絡をいただき、「うちのメディアでもドラマ評を書きませんか？」と言っていただきました。このころには、テレビ音痴だった私も、まあまあのドラマフリークになっていたので、ありがたくお引き受けしました。

そうやって書いているうちに、いろんな編集部から依頼をいただくようになり、いまは美容、ドラマ、書評、子育て、女性の人生……と、7本のコラムやエッセイを連載させてもらっています。

## 「面白い」文章を書くための切り口の作り方――視点と視座

**コラムやエッセイを書くようになったとき、一番意識したのは「オリジナルなものの見方」です。**言い換えれば、読んだ人に「その視点はなかった！」と思ってもらえる「切り口」です。その作り方について考えました。


**ライターとして書く取材原稿の場合、その「視点」は取材相手が持っています。**片付けのプロが「ときめくものだけ残しなさい」と教えてくれたら、それは新しい視点だし、読者に驚きを与えることができます。

でも、それを一人で作らなくてはいけない場合、どうすればいいでしょうか。自分の人生経験なんてたかが知れています。毎回新しい視点を提示するなんて、とてもじゃ

## どこ（＝視点）を見るか？　どこ（＝視座）から見るか？

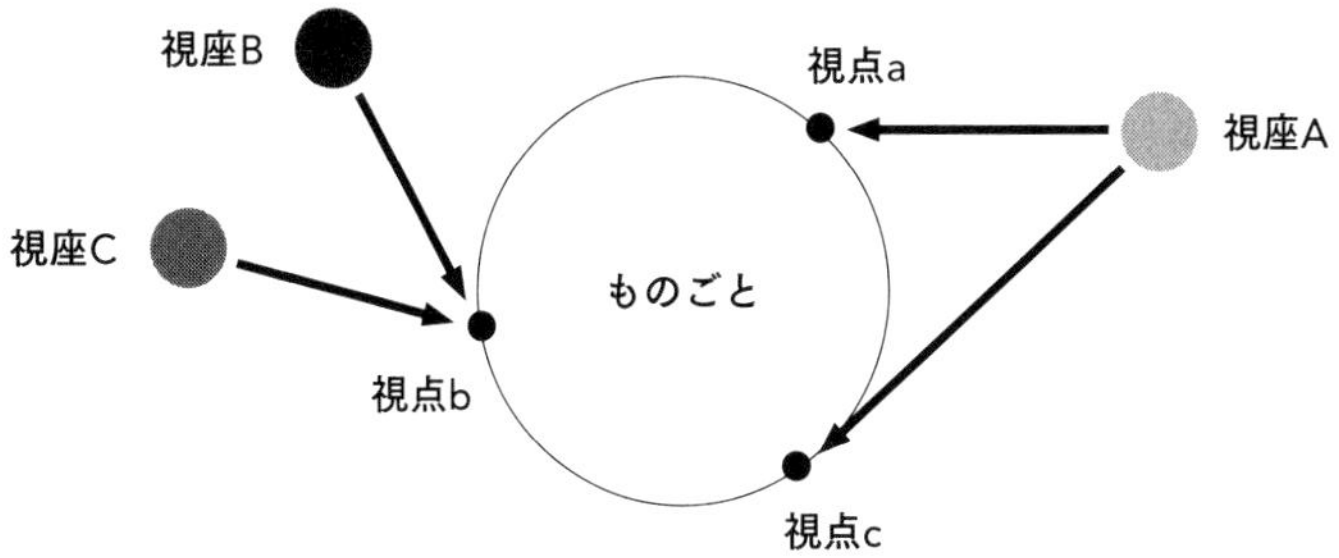


ないけれど無理だろうと思いました。

ここで私は、そもそも、**「視点」って何だ？「切り口」って何を指す？**　と考えを進めました。

そして、面白いと言われるコラムやエッセイを分解してみると、そこには「視点」だけではなく「視座」があるように思いました。

**「視点」とは、ものごとの「どこを見るか」**です。多くの場合、この「どこを見るか」が、書き手のオリジナリティが発露する部分に思われています。

一方で**「視座」は、ものごとを「どこから見るか」**です。あまり語られていないように感じるけれど、この「どこから見るか」にも、書き手のオリジナリティが出ると私は思いました。

つまり、**視点か視座、このどちらか（両方でも良い）が面白ければ、面白い原稿になるの**ではないかと思ったのです。

そして、この**視点と視座の数だけものの見方（つまり切り口＝図解の矢印の部分）が生まれる**のであれば、いろんなパターンの切り口を作れるのではないかと考えました。

「どこを見るか」の視点だけ勝負だと、オリジナリティを出すのは至難の業です。でも、「どこから見るか」と「どこを見るか」の組み合わせであれば、凡人でも組み合わせ次第で角度のついた面白い切り口が作れるような気がしました。

ちょっと希望ある！

そう考えていくと、連載によっては、視点も視座も毎回固定して書けるコラムもあることに気づきます。

たとえば前述の「ドラマな女たち」は、「ドラマの登場人物の役柄」（視点）を「髪型」（視座）で切り、書き続けています。

この場合「視点」のほうには何の工夫もありません。ドラマの役柄について書いている人はたくさんいます。でも、ドラマの登場人物の「髪型」に注目して、その役柄を見るという「視座」のほうに特徴があるので、同じドラマコラムでも、切り口に角度がつきます。

と、これは私がコラムを書くようになってから、意識的に考えるようになった、**強制的にできてしまう「切り口」の作り方**の話でした。

ここからさらに、いろんなコラムを分析していくと、「語り口」にも2つのパターンがあることに気づきます。

189ページで書きましたが、誰かに何かを伝えるときには、方法は2つしかありません。ひとつは、①**「AだからB」で、もう1つは②「AなのにB」**です。

---

①「AだからB」の構造で伝えると**「超納得!」**になります。

②「AなのにB」の構造で伝えると**「え、マジかよ?」**になります。

---

視点と視座、そして「超納得!」or「え、マジかよ?」。

この4つの組み合わせで、「切り口」と「語り口」が決まります。このやり方であれば、いろんなタイプのコラムが書けそうだと思いました。

## 書いて初めて気づくこと

これは、コラムやエッセイに限らないのですが、自分で一度書いてみると、人の文章が10倍くらい深く読めるようになると感じます。自分が書いて躓いて初めて、他の人の文章の構造や工夫に目をこらすようになるからでしょうか。

たとえば、燃え殻さんのエッセイ『すべて忘れてしまうから』(扶桑社)は、現在起こった出来事(視点)と過去の自分の記憶(視座)を結んだ切り口で、新しいものの見方が提示されます。現在と過去をつないで、過去を解釈しなおす燃え殻さんの「喪の作業」のような行為に、私たちも一緒に癒されているような感覚になります。

ブレイディみかこさんの『ぼくはイエローでホワイトで、ちょっとブルー』(新潮社)も、イギリスの社会情勢や歴史(視点)を、息子の中学校での出来事(視座)からシュパっと切れ味鋭く切っています。

ブレイディさんにはこの作品の前にもご自身の視座からイギリスを切り取ったエッセイがありますが(超クールです)、中学生の目とブレイディさんの目を行ったり来たりして描かれたイギリスには、それまでの作品とは違った切り口の気づきがたくさんあり、より重層感が増したように感じました。

また、このエッセイの素晴らしさは、**「わたし」の話をしているうちに、それが「わたし達」の話になっていく**ところにもあります。ブレイディさんの本で描かれるのは、とても個人的なエピソードで、「わたし」の物語です。でも、その個人的なエピソード（視座）から、世の中で起こっている出来事（視点）に向かって接線が引かれると、その接線は、「わたし達」の物語になります。

ここでわかることは、人は、自分と同じ経験をした人の話だけに共感するわけではないということ。個人的なエピソードでも、それを深く掘った**井戸の底は、隣の井戸とつながっていて、それが「共感」になる**ことを、私はこの本から学びました。深い井戸の底で隣の井戸とつながる。それもコラムやエッセイを書く楽しさのひとつです。

そしてもう一点。**コラムやエッセイは、すでに「知っていること」を書くわけではない**ことにも、書くようになってから気づきました。書きながら考えを深め、その過程で自分すら知らなかった自分を発見するから、書き上げることができるのです。逆に言うと、書きながら新しい発見がなかったときは、どうにもこうにもつまらない文章になってしまいます。

連載を納品するたびに（それがとてもささやかなものであったとしても）何かに気づいて驚く（驚かなきゃいけない）のって、結構すごいです。楽しいです。

## ハイジもクララも、山登りも川下りも、みんないい！

コラムやエッセイを書くようになって、良かったことのひとつに、書き手としての長年のコンプレックスが解消されたことがあります。それは、自分が明るくて屈託がないことへのコンプレックスです。

周りを見渡しても、作家や小説家の友人たちは深い内省のまなざしを持っていて、とても繊細な感性の持ち主が多いです。ハイジかクララかで言うと、圧倒的にクララタイプが多い。でも、私はというと、なんというか「物書き」になるには性格が明るすぎて、感性が大味すぎる。なんだろう。挫折が少なすぎて、トラウマは皆無で、だから深みがある文章が書けないような気がしていたんです。

ところが最近、コラムやエッセイの依頼をいただくとき、「その明るさがいい」とか、「あっけらかんとしたところがいい」と言ってもらえることが増えました。

これってなんだか、ものすごく自分を肯定された感覚です。でも、そうなんですよね。「文は人なり」だから、私は私が持っているもので書いていくしかないし、書いていけばいいんですよね。

そんな当たり前のことに、気づかせてもらったという感じです。

コロナを経験したことで、**ライターオンリーだった私の仕事も、少しずつ変わってきています。これからも、こんなふうに、時代に合わせてゆらゆらと働き方を変えていくんだろうな**と思っています。

人生には、山登り型と川下り型があると感じます。

登る山を決め、登頂ルートを決め、そのための準備をして、一歩一歩前に進む。それが山登り型の人生だとしたら、私は典型的な川下り型人生を送っています。川にボートを浮かべて、流れに任せて下っていく。分岐点がきたら、なんとなく景色が綺麗そうなほうに進む。選ばなかったほうの道のことは、くよくよ考えない。

そのうち、海にたどり着くかもしれないし、急流に巻き込まれるかもしれない。そんな、**「来年は何をやっているかわからない」感じも、私がライターという職業を好きな理由**のひとつです。

キャリアパスなんて、たいそうなことは考えていませんが、時代に合わせて柔軟に右往左往できる人間でありたいなと思っています。

*Think*

# 21

# 書く仕事で生きていくとは？

## 知ることは、愛するということ ──「書く」を仕事にする

今日、朝起きたら、大切な友人からメッセージが届いていました。

彼女は先日、私のライター講座の卒業生にインタビューを受けたのだけれど、その原稿が素晴らしかったので、私にもそれを伝えたくてと連絡をくれたのです。

その原稿は、彼女の闘病について触れた原稿でした。とてもセンシティブな表現が必要な原稿でしたが、彼女は
「文章が上手いのはもちろんだけど、それ以前に取材対象者と世間に対する配慮が素晴らしくて、感動しました」

そして、

「**言葉の選び方ひとつとっても、取材相手に対する愛情を感じて、本当に素晴らしいライターさんだと思いました**」

と、伝えてくれました。

こういうメッセージをいただくと、泣きたいくらい嬉しくなります。

それは、「ほら！　私が教えたことが、実践で生きているでしょ！　ドヤ」みたいな感覚ではまったくありません。

そもそも私は、**文章はその人の生き方がすべて出てしまうものだと思っていて、だから、それは教えられるものだとは思っていません。**

だけど、文章を書くことに真摯に向き合って、取材相手に誠実に向き合って、言葉を選んで問いを投げかけ、そしてもらった言葉を丁寧に紡ぐ。

その方法を一緒に考えてきた仲間が、それを取材相手に褒められるほどに実践できているのだとしたら……。

それは、本当に豊かな人生を過ごしているのだろうと想像がつきます。

**考え、考え抜いて、問い、書き、生きているそのライターさんの時間は、とても幸せな時間であったろうと思う。**

だから、泣きたいくらいに嬉しく思ったのです。

**書く仕事がしたい。**

そう思えば、私たちは、おのずと世界と丁寧に向き合っていくことになります。

**いま、目の前の人のことを、一生懸命に知ろうとする。**するとその人の知らなかった側面がどんどん見えてきます。その人を生み育て、その人に関わった人たちにまで想いを寄せることになります。

**いま、世の中で起こっていることを、一生懸命に知ろうとする。**するとと見えなかった一面が見えてきて、これまでの解釈を新たにさせられます。そのたびに、世界は昨日と違って見えます。

**知ること。**

**知ろうとすること。**

**それは、ほとんど、愛することに近いと感じます。**

いろんなことを知ろうとし、何かを知るたびに、愛せるものが増えていきます。

良く書こうと思えば思うほど、私は、私の生きている世界を、好きになります。

私が、この仕事が好きな理由はここにあります。

Love the life you live. Live the life you love.

EPILOGUE

# 書くとは世界を狭くするということ

ぎっくり腰で、生まれて初めて鍼治療をしたときのこと。

そこは、痛みが少ない鍼で有名な治療院だったのだけれど、私には痛く感じて、鍼を刺されるたびに「痛い、痛い」と訴えていました。

すると先生が、「痛いにも、いろんな種類があるでしょ。全部を同じ『痛い』で表現しないほうがいい」と言いました。

なんだ、その禅問答みたいな話、と思ったのですが、たしかに同じ痛みでも、ピリッとくるような表面的な痛みのときもあれば、ずしんと内臓の深部に届くような鈍い深い痛みもあれば、歯の治療で神経に触るときのような鋭い痛みもあります。

この経験は、とても不思議な経験でした。

というのも、この違いは、先生に「痛みにもいろんな種類があるでしょう」と言われるまでは認知できなかった差だったからです。

この体験は、いったいどういう体験だったのだろうと考えながら、家に帰ってきました。

たとえば、人は「表現すべき言葉を持っている」ことで、初めてそれを体験できるということだろうか。仮に嬉しい体験をしたとして、その嬉しいを、いろんな表現で嬉しいと言えたら、人生における嬉しいの数は増えるのだろうか。

**つまり、言葉の表現力が豊かなほど、体験が増える？**

**それとも、いろんな体験をすると表現が増える？**

どちらが鶏か卵かわからないけど、もしかしたら、私たちが文章を書きたいと思うのも、もしくはボキャブラリーを増やしたいと思ったりするのも、「一生涯でできる体験の数を言葉の力で増やしたい」と切望する、そんな根源的な欲求があるのかな、と考えました。

でもその一方で私は、**文章を書くことは、確実に「世界を狭める」こと**だとも思っています。言葉にすることで、元の経験を固定化してしまうし、物語にしてしまう。これが、言葉の良いところであり、注意しなければいけないところです。

私は昨年、父をスキルス胃がんで亡くしました。父が闘病していることを、私は彼が亡くなったその日まで、ほとんど誰にも話しませんでした。

それは父が病気を人に知られたくないと言ったこともあるけれど、私自身が、父の闘病と、それに私がどう関わっているかを言葉にしてしまうと、何か大切なものがこぼれ落ちていくのではと思ったからです。

父が亡くなったあと、父との思い出を言語化しました。

書く前から、それをすることによって、「この先、父のことを思い出すときは、私が書いた文章のように思い出すだろうな」という懸念を持っていました。

つまり、書いてしまうことで、私の経験が固定されてしまうだろうと思ったのです。「私はこんなふうに感じた」と書くことで、それ以外の感情は忘れてしまうだろうと思いました。

実際に書いてみて思ったのは、書いて良かったということです。

**書き起こしたことで忘れなくなった、と思った部分もあるし、書き残さなければ、あんなに鮮烈だった記憶も薄れていってしまったかもしれない**とも、思いました。でもわかっていたことだけれど、やっぱり、**書くことで、書かなかったほうの記憶は急速に失われていきました。**

## 「物語」という暴力。「書く」という加害

思考とは「気体」みたいなものだと思います。浮かんでは消えて、ふわふわしていて、つかまえどころがない。

それを目に見えるようにしたいと思ったら、私たちは口に出して話してみます。**考えたことを、言葉にすることは、思考を「液体」化するようなもの**だと思います。

口にのせた言葉は常に、流れ去って行く。その言葉が別の誰かに届くときには、また違った言葉になるし違った形になる。グラスが変われば形が変わる、やはり、液体みたいなものだなと感じます。

だから、**流れていく思考をどこかに錨《いかり》でつなぎとめようとすると、やはり私たちは、**

**文章を書くことになります。文章を書くことで、思考は一時的に固定されて「固体」になる。**

自分の思考であれ、誰かの思考であれ、固体になるとそれは人に差し出せるようになります。固体にするというのは、言い換えれば「物語化」することでもあります。**物語化して固体になった文章は、時間も空間も超えて人に差し出せる**ようになります。それがたとえば、記事であり、コラムであり、書籍です。

誰かの漂う思考をつなぎとめて文章にしたい。
そして別の誰かに届けたい。

そんなふうに考えて書くことを続けてきました。

だけどときどき思うのは、**この流れゆく言葉たちを、ほんとうにこの物語に押し込めて良いだろうか、**ということです。

物語にするときにはいつもある種の暴力が働きます。
こう解釈したいと私が思った彼／彼女は、本当にそのストーリーを必要としていただろうか。本当はそこに静かに置かれただけの言葉を、勝手に線でつなぎデザイン処理しちゃってないだろうか。

そのことに自覚的になればなるほど、言葉がするすると指の間をすり抜けていくときがあります。だけど、この喪失に自覚的であることが、書くことを仕事にする人間の責任だとも思います。

## それでもやっぱり、書いていく

これは職業病だと思うのですが、私は、仕事でもプライベートでも四六時中、頭の中で文章を書いてしまいます。

人が景色や食べ物の写真を撮るように、私は無意識に脳内で文章を書いてしまうのです。何を経験しても一度頭の中で文章を書いて物語にして記憶します。

物語になったそれは、いつも現実より少しだけ無駄にドラマティックです。アプリで写真に加工をかけるように、彩度がいじられコントラストがつきオリジナルが歪みます。

本当はそこに置かれているだけで良かったはずの大切な記憶が、物語によって侵食される。

すると、等身大の言葉に手が届かない。
自分が選んだ言葉が信用できない。
書くことが記憶を毀損する。
自分の大切な記憶を守ろうと思えば思うほど、話すのも書くのも怖くなる。

**そんなにドラマティックだったか？**
**そんなに簡単につなげる点と点だったか？**
**本当に私はそう思ったのか？　本当に？**
**彼／彼女はそう思っていた？　本当に？**

そんなことを考えながら、それでも書く。そんなことを考えるのが好きだから、それでもやっぱり書いていきます。

# 佐藤友美

satoyumi

ライター／コラムニスト

テレビ制作会社勤務を経て、ライターに転向。日本初のヘアライターとして、ベストセラーとなった『女の運命は髪で変わる』（サンマーク出版）をはじめ、数々の著作を上梓。美容業界や一般読者から人気の存在として、テレビやラジオにも多数出演している。

ビジネス書、実用書、自己啓発書などの執筆・構成を手掛ける書籍ライターとしても活躍の場を広げ、約50冊の書籍の執筆に関わっている。「生まれてはじめて1冊読み切った」と読者から感想が続々届く「わかりやすい文章」を書くライターとして知られる。

近年はコラムニスト／エッセイストとして、『ママはキミと一緒にオトナになる』（小学館「kufura」）、『ドラマな日常、日常にドラマ』（東洋経済オンライン）、『本という贅沢。』（朝日新聞社「telling,」）、『さとゆみの「ドラマな女たち」ヘア&メイクcheck』（講談社「mi-mollet」）、『大人のヘア問題、白黒つけます』（扶桑社「ESSE online」）、『50歳を迎え討つ』（大和書房）などの連載を持つ。

宣伝会議主催の「編集・ライター養成講座」では長年講師をつとめ、近年は「さとゆみライター講座」として専任講座も持ち、その赤裸々で超実用的な講義が人気を博している。

ウェブ：https://satoyumi.com/

# 書《か》く仕《し》事《ごと》がしたい

２０２１年11月６日　初　版
２０２４年２月22日　初版第６刷

著者　佐藤友美
発行者　菅沼博道
発行所　株式会社ＣＣＣメディアハウス
〒１４１－８２０５　東京都品川区上大崎３丁目１番１号
電話　販売　０４９－２９３－９５５３　編集　０３－５４３６－５７３５
http://books.cccmh.co.jp

装幀　新井大輔
Special Thanks　塚田智恵美／「さとゆみライター講座」のみなさん
校正　株式会社円水社
印刷・製本　株式会社ＫＰＳプロダクツ


ISBN978-4-484-21225-8